车辆智能轴温探测站技术手册

（第二版）

黄 俐 刘钦明 程 明 主 编

哈尔滨工业大学出版社

内 容 简 介

本书基于哈尔滨国铁科技集团股份有限公司生产的铁道车辆轴温智能探测系统（THDS）系列设备，着重阐述了 THDS 系列设备探测站的组成、安装、调试、使用及故障诊断处理。通过对 THDS 探测设备的组成、安装和调试的阐述，使设备的使用人员能更清楚地了解设备及使用设备；通过对 THDS 探测设备的使用及故障诊断处理的介绍，使现场的使用人员能够在一定条件下完成设备的故障处理。

图书在版编目（CIP）数据

车辆智能轴温探测站技术手册/黄俐，刘钦明，程明主编. -- 2 版. -- 哈尔滨：哈尔滨工业大学出版社，2022.7

ISBN 978-7-5767-0272-9

Ⅰ. ①车… Ⅱ. ①黄… ②刘… ③程… Ⅲ. ①铁路车辆-轴温探测-技术手册 Ⅳ. ①U270.7 -62

中国版本图书馆 CIP 数据核字（2022）第 121758 号

策划编辑	王桂芝
责任编辑	张 荣 王 爽
出版发行	哈尔滨工业大学出版社
社　　址	哈尔滨市南岗区复华四道街 10 号 邮编 150006
传　　真	0451-86414749
网　　址	http://hitpress.hit.edu.cn
印　　刷	哈尔滨石桥印务有限公司
开　　本	880 mm×1 230 mm　1/16 开　印张 10.25　字数 260 千字
版　　次	2017 年 3 月第 1 版　2022 年 7 月第 2 版　2022 年 7 月第 1 次印刷
书　　号	ISBN 978-7-5767-0272-9
定　　价	50.00 元

车辆智能轴温探测站技术手册
（第二版）

编 委 会

主　任　刘钦明

委　员　（按姓氏笔画排序）

　　　　刘永超　张瑜峰　周振林　赵斌华

　　　　唐　成　程　明　韩国义

编 写 组

主　编　黄　俐　刘钦明　程　明

副主编　刘金明　张瑜峰　刘永超

编　写　（按姓氏笔画排序）

　　　　马云峰　于彦忠　王长安　王可珂　王　杨

　　　　刘　洋　刘婷婷　安　鸽　李乌江　李　岩

　　　　李轶博　李艳博　李清峰　吴云飞　邱　刚

　　　　张丽娟　张　博　宫延凌　唐成军　徐　利

再 版 前 言

铁道车辆轴温智能探测系统（THDS）是保障行车安全的重要设备，是车辆运行安全防范预警系统（简称 5T 系统）最重要的组成部分，目前已在全路安装 7 000 余套，实现了全路范围内全线联网、全程跟踪。THDS 能够准确预报车辆热轴，有效防止车辆燃、切轴事故的发生，形成了世界上最大和最先进的监测网络，每年防止和避免了大量车辆燃、切轴事故，为我国铁路运输安全生产做出了突出贡献。随着我国铁路向重载、高速、大交路方向发展，对 THDS 的管理、维护和检修提出了更高的要求。THDS 应用技术包括非接触红外线动态探测，自适应测量，铁路货车轴温规律，数据采集，数据处理，模式识别，数据库和数字通信等。只有培养和提高管理、维护及检修人员整体素质和专业技能才能满足发展的要求，为此，我们组织专业人员编写了《车辆智能轴温探测站技术手册》一书，以满足从事铁道车辆轴温智能探测工作人员迅速提高业务水平的需要。

本书共分十部分，分别介绍了设备的组成、安装调试、系统工作原理、硬件设备功能、软件使用说明、故障诊断、信号流程、信号定义及系统维护等。

由于本设备的用途广泛，设备的操作人员及负责人必须熟悉应用场合，并遵守设备的使用要求。在任何情况下，哈尔滨国铁科技集团股份有限公司对应用或改装本设备带来的间接损失不承担任何责任和义务。

本手册采用的图例只用于说明本手册的文字。由于许多特定安装需要许多相应的变量和要求，哈尔滨国铁科技集团股份有限公司对把图例作为基础实际应用这种做法不承担任何责任和义务。

未经哈尔滨国铁科技集团股份有限公司的书面许可，任何单位和个人不得擅自部分或全文摘抄、复制本手册的内容。本手册内容如果有改动，恕不另行通知。

黄 俐　刘钦明　程 明

2022 年 6 月

目　录

第一部分　概述 1
手册使用对象 1
手册约定 1
专业术语 1
安装 1
运行 2
保养、检查 2

第二部分　产品简介 3
简介 3
型号定义 3
适用标准 3
结构 4
　　室外设备组成 4
　　室内设备组成 5
硬件系统特点 6
　　室外设备 6
　　室内设备 7
软件系统特点 8
　　全程采集模块 8
　　硬件容错模块 9
　　数据处理模块 9
　　自检功能模块 9
　　调试功能模块 9
　　数据通信模块 10
　　数据分析模块 10

第三部分　安装调试 11
安装要求 11
　　建站原则 11
室外设备安装 11
　　室外设备安装过程 12
　　开机磁钢 12

  2 号～4 号磁钢 13

  环温 14

  探测箱、卡轨器 15

  探头安装 16

  信号电缆连接 17

  车号室外天线 17

  电缆线引入 17

室内设备安装 17

  室内设备安装步骤 18

  电源箱 19

  控制箱 19

  车号智能跟踪装置 20

  工控机 20

系统调试 29

  控制箱信号测量 30

  电源箱信号测量 30

  后面板连接线检查 31

  系统性能检测 31

  探头角度调整 34

  探头定标 35

  探头方位检测原理 37

  光子自适应系统检测 38

  通信软件调试 38

  模拟过车试验 39

第四部分 系统原理 40

基本原理 40

探测站工作过程 41

  启动系统 41

  等待接车 41

  列车压至磁钢 42

  信号处理 42

计轴计辆 45

  轴距表 45

  计轴计辆操作 45

系统自检 46

  实时状态检测 46

  手动控制检测 47

  系统自检报表 47

系统通信	48
自适应系统原理	49
生成系统曲线	49
曲线错误检查 1	50
曲线错误检查 2	51
使用曲线	52

第五部分　硬件设备功能　53

电源箱　53
    技术指标　53
    使用说明　53

电源箱板卡功能　55
    逻辑电源板　55
    板用电源板　56
    功率电源板　57
    制冷电源板　58
    加热电源板　59
    信号电源板　60

控制箱　61
    技术指标　61
    使用说明　61

控制箱板卡功能　64
    制冷控制板　64
    加热控制板　65
    控制板　67
    前放板　69

探测箱　71
    技术指标　71
    THDS－A 型探测箱　71
    THDS－B 型探测箱　73
    THDS－C（Ⅱ）型探测箱　74
    THDS－C（Ⅲ）型探测箱　75

轴温传感器　77
    直流热敏探头　77
    直流光子探头　80

工控机　82
    使用说明　82
    AD 采集卡　82

I/O 控制卡 83

　　通信控制卡 83

车号智能跟踪装置 83

　　技术指标 83

　　工作原理 84

　　THDS 型车号 84

　　AEI－T1 车号 85

第六部分　软件使用说明 87

主应用程序使用说明 87

　　实时状态 87

　　自检功能 89

　　光子曲线 94

　　黑体定标 95

　　菜单功能 96

　　系统设置 96

数据分析软件使用说明 99

　　主界面功能 99

　　过车数据 101

　　探头曲线 102

　　随车信息 102

　　原始波形 103

　　自检信息 104

第七部分　故障诊断及处理 109

故障类型 109

　　磁钢类 109

　　探头类 109

　　环、板温类 110

　　保护门类 110

　　元件类 110

　　系统类 110

　　电源类 111

　　光子自适应系统类 112

故障判别 113

　　磁钢类 113

　　环、板温类 114

　　保护门类 115

　　电源类 116

　　通信类 117

　　光子探头自适应系统类 118

探头输出异常	119
车号信息丢失	120

第八部分　信号流程 121

电源信号流程 121

7 V 电源信号流程 121
15 V 电源信号流程 121
18 V 电源信号流程 122
30 V 电源信号流程 122

室外信号流程 123

轴温信号流程 123
板温、靶温、热敏元温信号流程 123
光子元温、环温信号流程 124
磁钢信号流程 124

第九部分　信号定义 125

A/B 型电源箱 125

转接插座 125

A/B 型控制箱 125

电源插座 125
控制插座 126
探头插座 126
RS232 插座 126
W1 端子 127
W2 端子 127
W3 端子 128

C 型电源箱 129

控制箱电源插座 129
通用电源插座 129

C 型控制箱 130

电源插座 130
控制插座 130
探头插座 131
光子外探插座 131

工控机 132

AD 卡端子 132
I/O 卡端子 133

A 型探测箱 134

上箱体航空插座 134

下箱体航空插座 134

板温转换盒航空插座 134

靶温转换盒航空插座 135

B 型探测箱 135

上箱体航空插座 135

温度转换盒航空插座 135

C（Ⅱ）型探测箱 136

上箱体航空插座 136

下箱体航空插座 136

温度转换盒航空插座 136

C（Ⅲ）型探测箱 137

上箱体航空插座 137

下箱体航空插座 137

光子探头 138

热敏探头 138

AEI－T1 型车号智能跟踪装置 138

W1 信号电缆 139

W2 控制电缆 140

第十部分　系统维护 141

日常检修标准 141

室外部分 141

室内部分 143

中修检修标准 145

室外部分 145

室内部分 147

大修检修标准 148

室外部分 148

室内部分 149

售后服务中心 150

第一部分 概述

手册使用对象

本手册使用的对象是熟悉铁道车辆轴温智能探测系统(THDS)的人员，手册包含 THDS 铁道车辆轴温智能探测系统的操作、维护和故障诊断等内容。

本手册只提供 THDS 系列铁道车辆轴温智能探测系统的常用资料，不提供用户的详细应用资料。用户详细应用资料包括：

- 为用户提供的详细工程尺寸图及电气原理图 (本手册只提供用于说明用途的通用图纸)。
- 与用户详细订单配套的产品列表。

手册约定

本手册使用的标记代表不同类型的信息，如下所示。

危险：警告读者如果操作不当或不采取适当的防护措施，将会造成严重的人身伤害事故及设备损坏。

警告：提示读者如果不按规程操作或不采取适当的防护措施，可能会造成严重的人身伤害事故及设备损坏。

注意：使用手册中需要读者特别引起注意的内容。

专业术语

- 磁　　钢：车轮传感器。
- 探　　头：轴温传感器。
- 探 测 箱：轴温扫描器。
- 光子探头：使用碲镉汞（HgCdTe）为核心元件的温度传感器。
- 热敏探头：使用热敏电阻为核心元件的温度传感器。
- 板　　温：直流探头校零背景的温度。
- 元　　温：探头内部的元件温度。

安装

接到产品后请先确认外包装，若外包装受损，设备有损坏的可能。只有具备红外线专业知识并熟悉 THDS 系列产品及配套应用设备的人员才允许进行安装、启动、操作、调试、故障排除和系统维护等工作。必要时，请联系厂家协助解决，否则有导致人员伤亡或设备损坏的危险。

安装 THDS 系列产品必须按照有关的安全规定及规程进行，否则有导致人员伤亡或设备损坏的危险。

搬运时请托住箱体底部，否则有损坏设备的可能。

| 运行 | - 在正常运行时,所有柜门应处于关闭状态。
- 非专职人员请保持手部干燥。
- 请保持室内环境温度不高于 50℃。
- 不要带电连接或者断开任何机箱、电缆、印制线路板。
- 测量设备器件时要注意防止表笔引起短路。
- 运行中请勿关断电源。 |
|---|---|
| 保养、检查 | - 非专业技术人员,请勿进行保养、检查工作。
- 通电中,请勿变更接线及拆卸端子接线。 |

第二部分 产品简介

简介

哈尔滨国铁科技集团股份有限公司具有三十多年的研究、开发和生产铁道车辆轴温智能探测系统的成功经验，拥有这个领域的各项关键技术，例如，光子探头、热敏探头、轨边设备、红外线专用主机，还有计轴、计辆、直流探测技术、自适应测温技术、热轴判别技术、热轮探测技术等。

目前，广泛投入使用的 THDS 系统有 HTK-499 型、THDS-A 型、THDS-B 型、THDS-C 型。多年来，在中国铁路总公司领导下，哈尔滨国铁科技集团股份有限公司投入到我国铁路建设发展的大潮中，不断取得进步，发展壮大，比如，加装行调终端，直接预报调度；适应提速发展，改装光子探头；强化管理机制，建设三级联网和三个系统；全路动态联检，确保探测设备测量精度和运行状态；青藏铁路一机双探，安全畅通上新台阶。

随着列车提速，铁路建设高速发展，铁路装备市场持续走强，为铁道车辆轴温智能探测系统提供了新的发展机遇。特别是随着车速的提高，用户对列车运行安全更加重视，铁路运营管理部门对探测站的测量精度、信息采集的广度、热轴预报兑现率、探测站设备维护的方便性、无故障运行时间、故障排除时间等指标提出了更高的要求。针对这些要求，必须开发新一代的热轴探测站设备，以便达到红外线轴温探测的智能化、网络化、信息化和标准化的要求。

计算机技术和传感器技术的快速发展，为研制新一代铁道车辆轴温智能探测系统提供了技术基础。新型探测站根据中国铁路总公司制定的标准，命名为 THDS 铁道车辆轴温智能探测系统，这里主要描述其探测站部分的技术、安装与使用。

THDS 系列铁道车辆轴温智能探测系统，具有 A、B、C 三个设备型号。A 型设备为标准设备，采用内光子外热敏双探头的工作方式；B 型设备采用通用探测箱体的工作方式；C 型设备采用双光子探头的工作方式。

 注意：不同型号设备的差异性请查看硬件功能介绍及信号定义。

型号定义

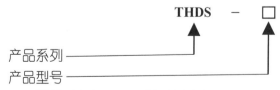

根据设备规格，目前型号分为 THDS-A 型、THDS-B 型、THDS-C 型三种型号。

适用标准

设备的制造、试验、验收等所遵循的技术规范及相应标准：

- Q/CR 319—2014 《铁道车辆红外线轴温探测设备企业标准》。
- QB/HTK 0001—2018 THDS 红外线轴温探测设备。
- 《车辆轴温智能系统维护规程（THDS）设备检修维护管理规程》。

结构

探测站设备包括室外设备和室内设备两部分以及连接电缆。室外设备包括车轮传感器（简称磁钢）、红外轴温箱扫描器（内装温度传感器）、卡轨器、车号天线、除雪装置、环温箱（环境温度传感器）等；室内设备包括电源防雷箱、通道防雷箱、UPS 不间断电源、探测站机柜、控制箱、电源箱、工控机等。系统结构图如图 2-1 所示。

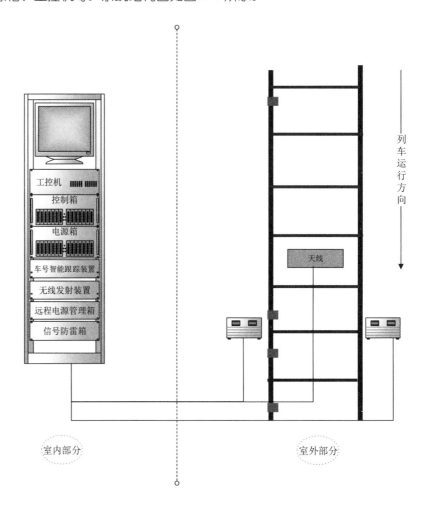

图 2-1 系统结构图

室外设备组成

室外设备由以下部分组成，如图 2-2 所示：

- 红外轴温箱扫描器。
- 卡轨器。
- 过轨管组件。
- 车轮传感器。
- 环境温度传感器。
- 车号智能跟踪装置天线。

图 2-2 室外设备组成

室内设备组成

室内设备由以下部分组成，如图 2-3 所示：

- 电源防雷箱。
- 通道防雷箱。
- UPS 不间断电源。
- 探测站机柜。
- 工控机。
- 控制箱。
- 电源箱。
- 车号智能跟踪装置。
- 无线发射机。
- 远程电源管理箱。

电源防雷箱和通道防雷箱可以采用外置壁挂式，UPS 不间断电源可放置在机柜外。

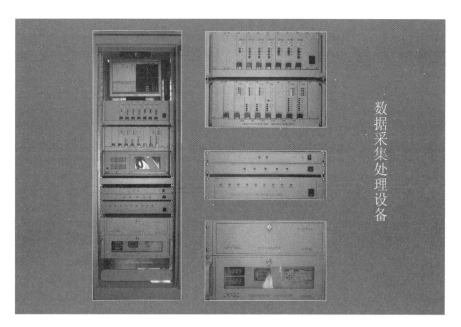

图 2-3 室内设备组

硬件系统特点
室外设备

室外设备是探测站的重要组成部分，主要的传感器都安装在轨边的红外轴温箱扫描器和卡轨器中。轨边设备的技术性能直接影响轴温测量的准确度和系统的稳定度。THDS探测站室外设备具有以下优点：

- 室外设备结构紧凑，安装时不用拨枕木及深挖道砟，便于轨边设备的快速安装。
- 卡轨器距道砟较高，排除了道砟挤压影响，可提高安装的一致性和探测角度的准确性。
- 轨边设备的机构部件设计精巧，具有快速安装、快速更换探头的特点，适应了列车提速对轨边作业的新要求，方便高速干线设备的维护。
- 具有很好的兼容性。电缆布线设计时，充分考虑了兼容性，可以兼容各厂家的探头、磁钢、板件等。
- 轴温探头安装卡具，具有快装、快拆的功能。
- 红外轴温箱扫描器具有自动扫雪、融雪功能，消除了冬季气候对列车探测的影响。

卡轨器

卡轨器是红外轴温箱扫描器的安装承载平台，要求卡爪与钢轨之间可靠连接，并保证一定的安装精度和稳定度；同时要求为红外轴温箱扫描器提供一级减振，以便保证红外轴温箱扫描器具有较为一致、稳定的安装角度和位置，为探头瞄准提供稳定的平台，同时减缓钢轨振动对扫描器的冲击。卡轨器的设计中着重考虑了卡爪和托架的刚性，通过扩大卡爪和钢轨底面的接触面积和托架的机械强度，保证了卡轨器安装尺寸的一致性和稳定性。

卡轨器为红外轴温箱扫描器提供了安装面，为保证其探测方位设计有调节机构。安装后，探头能够沿钢轨方向、垂直钢轨方向进行直线移动。此外，卡轨器还为2号、3号车轮传感器提供了安装基面，能够满足在50 kg轨、60 kg轨、75 kg轨等不同轨型上安装的需要。为减小轨边振动、冲击对探头的影响，卡轨器和红外轴温箱扫描器设计有双级减振器，试验证明减振效果很好，可保证探头在高速重载列车运行区段的正常使用。整个红外轴温箱扫描器和卡轨器部件结构紧凑，安装时不需拨枕，可少拨道砟，轨边操作简单，拆卸方便，满足捣固清筛等轨边作业要求。

红外探测箱

红外探测箱是轴温探头的安装平台，要求实现以下功能：减振，内外探头同时安装，探头仰角为45°、偏角为3°~6°角可调，转角电机驱动双保护门，光子热靶（挡板）实现一体化结构，具备扫雪、融雪功能，箱体采用玻璃钢材料减小阳光辐射对扫描器内腔的升温作用，防腐蚀，抗击打，便于安装、拆卸和维修。采用热靶标定的自适应温度标定方法，能实时获得轴温计算标准，使系统能够自动适应探头工作状态的变化，保证轴温计算准确。热靶保护门组合件除了为轴温计算提供温度基准外，还要在列车到达前、后将红外轴温箱扫描器封闭，保护内部的清洁，并避免某些外界因素损坏内部部件。热靶保护门组合件由力矩转角电机驱动，结构简单可靠，易于维护，且在断电状态下能够保持自锁状态，有效地避免人为破坏。

室内设备	室内设备是探测站的核心,在设计时要求在实现基本功能外,着重考虑其可靠性、稳定性、维护的方便性等,具有以下特点:

- 使用操作系统对列车运行的各重要参数实现全息采集,提供了强大的采集、信息处理平台。
- 高速处理器、大容量存储器的运用,保证了探测站可以实现对高速运行列车动态信息的采集。列车动态信息包括车速、车号、轴温等,为更准确测温、准确预报、提高兑现率,必须掌握更丰富的列车基础信息,通过对大量基础信息的分析处理,更准确地把握列车轴温的变化规律,正确预报热轴。现有探测站设备由于当时技术水平的原因,主计算机的处理能力比较低,数据存储容量也较小,无法对列车动态信息进行全方位的采集、存储和处理,已经不能满足新的要求。
- 主计算机采用标准的工控机,性能稳定,功能强大。配备键盘显示器,具有良好的人机界面,方便操作。
- 采用高速通信接口,提高了列车信息的快速传输、反应、处理等性能。
- 采用网络和软件技术,实现远程管理和维护。现有设备由于没有远程维护的功能,使得探测站软件升级、故障判断、故障处理工作必须到探测站现场才能完成。今后这些工作将可以在维护中心、车间、办公室里通过远程通信手段来完成。
- 控制箱采用总线式结构,便于系统的维修,对缩短维修时间具有决定性的作用。
- 采用功率、信号双总线模式,简化电路板间的互连,外引线全部从后面板出入,提高了可靠性,简化了生产加工工艺。
- 采用内部串行通信总线技术,实现了在线读取各板卡的 ID 号,便于三个系统对电路板卡的实时同步管理。
- 采用磁钢冗余技术,基本消除了磁钢故障对设备接车的影响。当任意一个磁钢出现故障时,不影响整体设备的正常运行。
- 双探头的采用,使探测方位更有针对性,同时两个探头也起到冗余的作用,从而提高了设备运行、热轴探测的可靠性。

工控机	系统采用工业控制计算机(简称工控机)作为探测站主机,标准的 19 英寸 4U 机箱,性能上满足 4 个探头、一套智能跟踪装置的控制和实时采集工作要求,为实现轴温、磁头等信号的全信息采集和数据信息的高速处理提供了基础。

 注意:早期工控机采用的 CPU 为 CORE2 5200 3 GHz 主频,内存为 2 GB,SSD 硬盘为 8 GB,机械硬盘为 500 GB。

控制箱	控制箱是工控机和探测站轨边设备之间的桥梁,可以完成轴温信号、车轮传感器信号、车号信息和其他辅助传感器信号的调整,同时执行工控机对轨边设备的控制指令。

控制箱采用总线的形式实现电路板和电路板之间、电路板和外线之间的信号交换。总线分为左右两个区域，左边是信号总线区，右边是功率总线区，两区分别采用不同的接插件以适应不同的要求。控制箱内装设磁头信号处理板、温度信号调理板、模拟信号调理板、制冷温度控制板、探头较零板和功率控制板。每个板上设有指示灯、测试孔和操作按钮。

控制箱后面板设有扫描器控制、辅助信号、电源、探头信号、通信、模拟信号和数字信号等插座。

电源箱

电源箱为 19 英寸 4U 机箱，分别为上下行两个方向的控制箱提供电源。电源箱前面板提供上下行两套电源的指示及检测端子，面板上附有上下行电源显示板。电源箱后面板提供上下行两套电源的输出端子，两套电源配有各自的电源开关。

机箱内电源布局：面向前面板，机箱左侧为上行控制箱电源，机箱右侧为下行控制箱电源。每套电源包括 ±18 V 电源、±12 V 电源、+5 V 电源、功率 32 V 电源、18 V 调制电源和 5 V 逻辑电源。

软件系统特点

探测站系统软件采用 C++ 及 C# 语言编写，利用 VC.NET 2005 进行开发。系统的稳定运行和功能的正确实现贯穿于软件开发的整个过程。在程序运行开始时进行一次性的内存分配，运行期间不进行内存分配与释放操作，有效地避免了由于内存动荡所引起的系统不稳定性。

探测站系统软件从设备和用户的角度分别对系统进行描述，采用两个结构体来分别实现。设备角度的描述便于访问和操作硬件，而用户角度的描述便于使用，二者通过内存共享建立联系。这两种描述在程序中是全局的，有利于程序的访问、修改和软件调试。

在程序中，出于软件运行稳定性的考虑，链表的内存是连续的，即链表都是用数组的空间来实现的。考虑到内存的大小限制，这样就可以在程序运行开始时进行一次性的内存分配，增强系统的稳定性。

软件采用模块化的编程方法，各项功能采用独立的模块来实现，降低了逻辑的复杂性，有利于系统的稳定和功能的正确实现，也有利于软件的调试与维护。

软件的开发采用成熟的软件开发技术。这些技术对于系统的稳定、功能的实现以及系统的维护等具有重要的意义。

全程采集模块

采集模块的功能是采集原始模拟信号，包括磁钢的电压信号、探头输出的电压信号、热靶的输出电压信号、环板温电压信号等。采集模拟信号的通道数共 32 路，采样频率为 10 kHz。

采集模块采用一个独立的线程来实现，利用高速 AD 卡对经过传感器的车轴，包括车底板以 10 kHz 的频率高速采集温度数据。因为 AD 卡本身只有 4 kB 字的硬件 FIFO，为了不丢帧，在程序设计中增加软件 FIFO 的缓存功能。AD 卡中硬件 FIFO 每一次采集的数据都压到软件 FIFO 中入队，主程序采用流的方式顺序从软件 FIFO 中得到采集的数据，以上操作还利用了多线程的技术，保证了全程数据采集的完整性。

硬件容错模块

容错模块是指系统软件赋予 2 号、3 号磁钢信号上电的功能，在 1 号磁钢出现故障的情况下，可采用 2 号或者 3 号磁钢上电完成接车，此外增加了 4 号冗余磁钢，因此 2 号、3 号、4 号磁钢坏掉其中的任何一个都不影响轴速的计算。

软件对探头的类型和探测的方式也具有很好的支持。双探的两组探头可以都为光子探头或热敏直流探头，也可以一组为光子探头、一组为热敏直流探头，其探测方式可以一样，也可以不一样。

软件具有很强的硬件兼容性，关键备件采用热备份的方式，如果出现故障，系统会自动将备件切换到系统内，尝试去恢复故障。

数据处理模块

软件的数据处理模块采用计轴算法考虑了高频噪音的干扰，有效地抑制了高频噪音所引起的经常上电现象。通过降低磁头阈值和其他的一些方法，使得软件接车的速度范围达到了 5~350 km/h。

根据不同的探头类型选择与其相应的曲线来计算温度。鉴于兼容性的考虑，软件的温度计算模块也具有选择不同的补偿类型进行温度精度修正。

自检功能模块

软件的自检功能模块具有很强大的功能，它可以及时发现异常，并且可以准确地定位异常部件。软件的自检是通过读入部件的状态，与标准正确状态比较实现的。自检功能模块可以检查系统的直流电压、交流电压、磁钢状态、探头状态、热靶状态、挡板温度、元件温度、元件电流等，一旦发现异常，就会发送自检报文告知监测中心。

软件的自动自检工作是间隔发生的，设定自动自检的时间间隔为每 20 分钟进行一次操作系统自检。软件也支持手动自检、远程命令自检等。

调试功能模块

热靶标定功能

探测站软件的热靶标定模块不仅支持光子探头的手动校曲线，还支持热敏直流探头的探头标定操作。热靶标定的过程在界面上动态显示，可以选择显示某个方向的热靶标定动态信息。软件的热靶标定操作在双探的情况下每组探头是独立控制的，这样就可以避免一组探头受到另外一组异常探头影响而经常进行热靶标定，可保护硬件。双探的情况下，参加热靶标定的那一组探头是由程序自动选取的，程序保证每一组探头都有平等的机会参与热靶标定。

探头标定功能

探头标定的启动和结束操作都由用户控制。其标定期间探头输出的电压值和温度值实时显示，同样该模块还支持动态调整探头补偿值，其控制更加灵活。

示波器仿真功能

探测站软件提供了一个软件仿真示波器。通过该示波器，用户可以选择需要查看的通道，该示波器将实时显示该通道的原始波形信息。该示波器支持多个通道同时显示，每个通道采用不同的颜色进行显示，用户可以调整每个通道的显示颜色和窗口赋值，以调整波形的显示状态。通过该示波器可以调试磁钢、探头器件。示波器还提供了原始波形的大小信息，即电压大小信息。

硬件控制功能

软件提供了总控控制、保护门控制、热靶控制、校零控制、加热控制、车号控制等硬件控制按钮，通过按钮可以调试相应的硬件。

数据通信模块

软件可以和中心进行通信，将热轴报文、中心报文等传给中心。另外，软件还可以接收中心下达的指令，并且根据指令做出相应的操作，比如系统自检指令、调原始波形指令、更新程序指令等。

数据分析模块

数据分析模块采用独立的进程实现。通过该模块，可以查看过车数据、曲线数据、探头标定数据、系统自检数据等，也可以查看原始数据。

第三部分 安装调试

安装要求

根据运输流量和线路自然条件(坡道、曲线、桥隧等),干线按规定每 30 km 左右设一处探测站设备。在以运输安全为前提,参考交通、供电、通信、施工和维修方便等诸多因素情况下,综合考虑经济合理性设探测站。探测站在距离探头不大于 30 m 处设机房。机房的地面高度应高于轨面,其面积应大于 8 ㎡,有良好的通风、取暖设施和探测站标记。

室外设备到探测站主机及监测中心、复示中心房内的通信线必须采用屏蔽电缆;开机磁钢传感器连线必须采用地下铠装电缆;探头线应加防护管,管内无接头、无硬弯。各电缆应留有备用线。引出入线及配线不得有破皮、漏胶和硬化。

红外线设备应设防雷保护设施,每处设防雷地和设备地两点。对一般雷区采用避雷器和防雷地线的措施。防雷接地电阻应小于 4 Ω,设备接地电阻应小于 10 Ω。设备地和防雷地相距应大于 20 m。

建站原则

- 为充分发挥红外线设备的作用,探测站设在列车进站前线路咽喉处。
- 红外探头安装位置应避开曲线、长的大坡道,在来车前方 50 m 以上为直线段,此段距离内不得有道岔。
- 在道床坚实、线路质量好的地段。
- 避开不利的地理位置,如雷区、洪水、塌方、冻害、风口和雪堵等自然灾害地区,无法躲避时应采取保护措施。
- 避开机车运行习惯缓行和调速地段。
- 在电气化区段应避开电力机车轨道分相点。
- 避开轨道电路回流点。
- 避开钢轨端头、短钢轨。
- 探测站所有设备的安装尺寸应严格遵守《直线建筑接近限界》(区间及站内正线)的规定,必要处应做相应的防护。

室外设备安装

室外设备整体结构如图 3-1 所示。

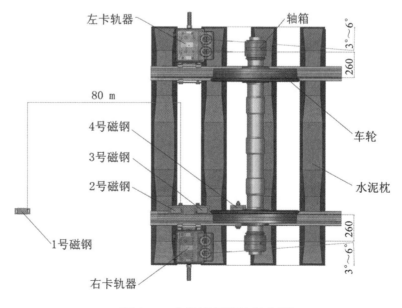

图 3-1 室外设备整体结构图

室外设备安装过程

室外设备安装过程的详细步骤见表 3-1。

表 3-1 室外设备安装过程的步骤

室外设备安装过程		
步骤		内容
1	安装开机磁钢	安装开机磁钢、磁钢托架及分线盒,安装位置距离探测箱体大于 80 m
2	安装探测箱	安装探测箱体到钢轨两侧,调整左右箱体对称
3	安装 2 号、3 号磁钢	安装 2 号、3 号磁钢及磁钢托架到钢轨内侧,并紧固螺丝
4	安装 4 号磁钢	安装 4 号磁钢及磁钢托架,调整好位置后紧固
5	安装探头	安装光子探头和热敏探头到探测箱体内,并使用卡具锁死探头
6	连接信号电缆	连接室外控制电缆和信号电缆到探测箱体内,并紧固好高压胶管
7	连接磁钢电缆	连接 2 号、3 号、4 号磁钢电缆接线连接到探测箱内磁钢电缆上
8	连接环温箱	连接环温箱信号线到控制箱接线端子

注:以上步骤是参考步骤,可根据现场情况调整

开机磁钢

开机磁钢安装在离探测箱(来车方向)80 m 以外处,距轨隙大于 5 m,用卡具固定在钢轨内侧。

 注意:对于电力区段,必须把开机磁钢卡在非电网回路那一侧的钢轨上。

HZ-12 室外分线盒

HZ-12 室外分线盒用来接入开机磁钢线,安装在钢轨边,尽量靠近开机磁钢,与室外接线箱在钢轨的同一侧。其位置选好后,要求完成以下几点:

- 采用铠装电缆(HYPV29-4×1.0 mm)作为 HZ-12 室外分线盒到探测站机房防雷箱或室外接线箱之间的连线。建议开机电缆直接进探测站机房。HZ-12 室外分线盒工程施工基础如图 3-2 所示。
- 在室外接线箱一端,把开机电缆穿进室外接线箱基础。HZ-12 室外分线盒一端的竖管套在半米长的短管上,把开机电缆引到分线盒内,再把分线盒固定好。

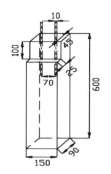

图 3-2 HZ-12 室外分线盒工程施工基础

- 开机磁钢线穿过蛇皮管从分线盒的水平进线孔引入分线盒内,与室外接线箱来的开机电缆连接在一起。注意:分线盒内磁钢线二芯分二排,具体配线如图 3-3 所示。

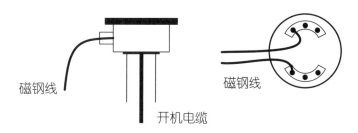

图 3-3 室外分线盒配线

2 号 ~ 4 号磁钢

2 号 ~ 4 号磁钢一般安装在靠近探测站机房一侧的钢轨上,在电气化区段必须装卡在非电网回路一侧的钢轨上。探测箱的卡具可以安装磁钢卡具,用来固定 2 号、3 号磁钢,安装方式如图 3-4 所示,4 号磁钢使用的安装卡具和 1 号磁钢安装卡具一样。

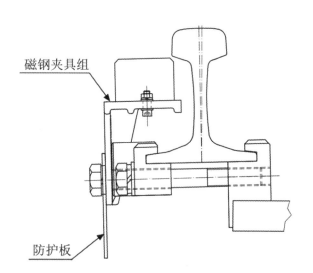

图 3-4 磁钢安装方式图

2 号 ~ 4 号磁钢安装好之后,磁钢线引入探测箱内,把磁钢卡具套在探测器卡具上,然后调节磁钢卡具的高度。磁钢传感器安装时应注意防止被车轮压伤,在磁钢安装时应注意钢轨的型号,调整好技术尺寸,磁钢顶面与钢轨面距离:50 kg 轨为 35±2 mm,60 kg 轨为 37±2 mm,75 kg 轨为 45±2 mm。如磁钢顶面相对于钢轨面位置偏低,则导致磁钢输出信号偏低,引起丢轴、丢辆;如偏高,则导致车轮压伤磁钢,在雨天或其他情况下易引起短路或抗干扰性能下降,致使计轴计辆出错。

2 号、3 号磁钢之间距离为 270±2mm,3 号、4 号磁钢之间距离为 400±2 mm。磁钢安装距离中的 270 mm 和 400 mm 可根据现场实际情况进行调节,并在软件设置中进行与实际安装尺寸相匹配的设置。磁钢安装如图 3-5 所示。

图 3-5 磁钢安装图

 注意:在安装五型磁钢时,应保证五型磁钢的 N 极对着来车方向,以适应红外检测车检测。

环温

在探测站机房的旁边选择一个通风背阴处,安装一个木制百叶箱,即环温箱,如图 3-6 所示。把环温传感器 PT100 放置在箱内,用一根二芯屏蔽电缆作为环温传感器到探测站主机箱后面板的连线。电缆一端的红线接控制箱后面板的+18 V 接线端子,黄线接环温 IN。

图 3-6 环温箱

探测箱、卡轨器

探测箱安装到钢轨后，必须保证探测箱处于悬浮状态，需掏空箱体底下的道砟，各部件螺母应加油防锈蚀，螺母拧紧确保无松动。若螺母松动，一是不能保证计轴计辆正确，二是容易引起探测箱体起振和窜动，导致乱报或漏报。

统型探测箱是一种适用于双探头的具有防雪、防雨、防尘、防阳光辐射等特点的新型探测箱。它采用 ABS 壳体，因而具有绝缘、耐腐蚀、轻便、环保等特点。探测箱安装于钢轨两侧，是红外线探测系统必备的室外设备。

将每个探测箱与卡轨用的卡轨器组合在一起，形成一个整体。安装时，预先选好枕木空，要求两枕木之间距离净空大于 400 mm，不够要求距离应拨轨。在钢轨外侧把探测箱体部分用卡轨器的第一部分紧靠在钢轨上，使探测箱体放在枕木空的中间位置。然后在钢轨内侧的对称位置把卡轨器的第二部分也紧靠在钢轨上，将大螺杆从卡轨器第二部分的螺纹孔拧进，再把它拧进卡轨器第一部分的内螺杆孔，直至拧紧。最后打开探测箱，把探头安装在箱内探测器的底座上，使探头的镜片对准探测箱的窗口。探测箱体的安装示意图如图 3-7 和图 3-8 所示。

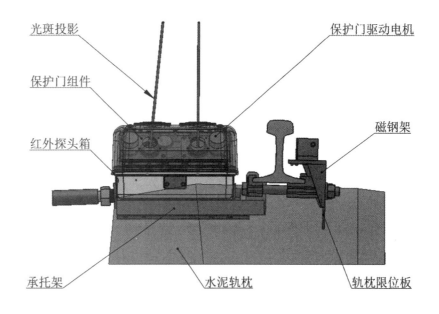

图 3-7 探测箱体正视图

 注意：安装时应掏空探测箱体底下的道砟。

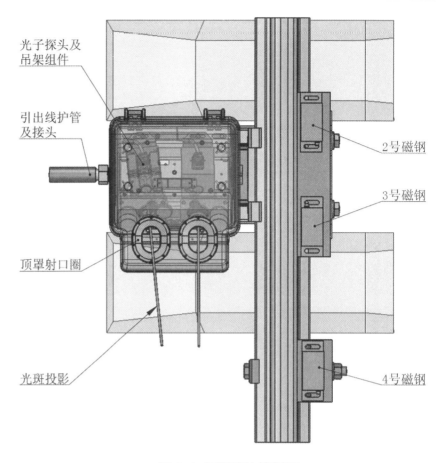

图 3-8 探测箱体俯视图

探头安装

打开探测箱的顶罩、上箱体,将探头的安装孔插到探测箱安装板上的定位销内,用弹簧夹将探头固定在安装板上,探测箱内的安装如图 3-9 所示。安装时必须保持探头硫化锌镜片干净和完好无损,如有灰尘可能导致采集的轴温信号偏低,引起漏报。

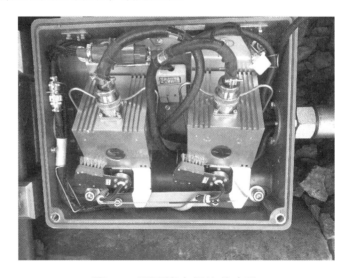

图 3-9 探测箱内探头的安装

信号电缆连接

THDS－A 型探测箱电缆连接：

- 航空插头 Y2－7TJ 连接上箱体 7 芯插座。
- 航空插头 Y2－14TK 连接下箱体 14 芯控制插座。
- 航空插头 Y50EX－1415TK02 连接光子探头插座。
- 航空插头 Y2－7TK 连接热敏探头 7 芯插座。

THDS－B 型探测箱电缆连接：

- 航空插头 Y2－19TK 连接上箱体 19 芯控制插座。
- 航空插头 Y50EX－1415TK02 连接光子探头插座。
- 航空插头 Y2－7TK 连接热敏探头 7 芯插座。

THDS－C(Ⅱ)型探测箱电缆连接：

- 航空插头 Y2－19TK 连接上箱体 14 芯控制插座。
- 航空插头 Y50EX－1415TK2 连接光子探头插座。
- 航空插头 Y2－7TK 连接热敏探头 7 芯插座。

THDS－C(Ⅲ)型探测箱电缆连接：

- 航空插头 Y50EP－1415TJ02 连接上箱体 15 芯控制插座。
- 航空插头 Y50EP－1415TK02 连接光子探头插座。
- 航空插头 Y2－7TK 连接热敏探头 7 芯插座。

车号室外天线

车号室外天线应安装在两根钢轨的中间，并且距两侧枕木的距离应相同，天线应尽量保持水平。安装过程如下：

将四个卡轨器分别卡在相邻的两根枕木上，将两根各装有三个橡胶减振器的天线架安装到已经固定好的卡轨器上，这时不能将螺栓拧紧，以便根据天线装孔的宽度来调整安装架的宽度；按照天线的安装孔调整好安装架的位置并紧固。

将天线自带的同轴电缆穿入高压胶管，并将高压胶管与天线的后盖紧密连接在一起（出厂时已装配完成，此步骤可以省略）；将天线安装到天线安装架，并紧固；将天线护板分别安装到天线的两侧，并紧固。分线盒一端的护套通过接头连接到分线盒的同轴电缆入口，将天线的同轴与进机房的同轴在分线盒内对接，然后分别用线卡子将两电缆固定。

电缆线引入

根据探测站与室外设备的距离分别焊好控制电缆、探头电缆及车号射频电缆，把带高压胶管的一端接到探测箱，另一端通过地沟接到控制箱上。

 注意：在铺设电缆时，射频电缆不能弯死弯。

室内设备安装

室内设备安装整体结构，如图 3-10 所示。

图 3-10 室内设备安装整体结构

室内设备安装步骤

室内设备安装步骤见表 3-2。

表 3-2 室内设备安装步骤

室内安装过程	
步　骤	内　容
1　放置机柜	调整机柜各隔断到合适位置，以便能够顺利安装各个机箱
2　安装工控机	安装工控机、键盘、鼠标及显示器到机柜内。并连接键盘、鼠标、显示器及专用线
3　安装电源箱	安装电源箱到机柜内
4　安装控制箱	安装控制箱到机柜内，并连接电源信号线到电源箱
5　安装远程控制箱	安装远程控制箱到机柜内，并和电源箱工控机显示器分别连接电源线
6　安装无线发射机	安装无线发射机到机柜内并连接天线及电源
7　连接控制箱和室外控制、信号电缆	连接室外控制电缆和信号电缆到控制箱
8　连接磁钢	连接磁钢信号线到控制箱接线端子
9　连接环温箱	连接环温箱信号线到控制箱接线端子

注：以上步骤是参考步骤，可根据现场情况调整

电源箱

电源箱机箱所有螺丝必须紧固，特别是变压器固定螺丝、后面板上散热片螺丝、电源模板上散热片螺丝、稳压块螺丝、变压器屏蔽接壳螺丝、后面板接线柱固定螺丝、开关及保险座固定螺丝等一定要拧紧。

电源箱后面板上的 LM396 与其散热片要有良好的绝缘，绝缘材料要有良好的导热性能。

按电源箱前面板模板名称位置插入相应名称的模板，千万不要插错，插好后旋紧面板螺钉。连接交流电源，将电源线一端插入电源箱，另一端插入 220 V 的 AC 插座，合上电源箱前面板上的电源开关。前面板指示灯应处于点亮状态，对应的各项电压输出指标应正确。

由于电源箱风机安装在电源箱的底部，所以电源箱的底板与控制箱之间应留有约 10 mm 的间隙，以供电源箱通风使用。

注意：THDS-C 型电源箱的"通用输出"插座可以用于连接热轮控制箱或者 THDS-A/B 型控制箱。

控制箱

控制箱机箱所有螺丝必须紧固，特别是变压器固定螺丝、后面板上散热片螺丝、电源模板上散热片螺丝、稳压块螺丝、变压器屏蔽接壳螺丝、后面板接线柱固定螺丝、开关及保险座固定螺丝等一定要拧紧。

在控制箱前面板模板名称位置插入相应名称的模板，千万不要插错，插好后旋紧面板螺钉。

连接电源：控制箱需外部电源箱供电，32 芯电缆航空插头(针)一端连接电源箱"电源输出"航空插座，另一端连接控制箱"电源"航空插座。

连接控制、探头电缆：左控电缆航空插头接控制箱后面板左控航空插座；右控电缆航空插头接控制箱后面板右控航空插座；左探电缆航空插头接控制箱后面板左探航空插座；右探电缆航空插头接控制箱后面板右探航空插座。

连接 AD 电缆：1 对 1 的 DB62 连接电缆一端接控制箱后面板 W1，另一端接工控机 AD 板 DB62 接口。

连接 I/O 电缆：I/O 电缆为 1 对 2 的连接电缆，1 条接 I/O 控制板出 (DB37)，另 1 条接 I/O 控制板入(DB37)。

注意：THDS-C 型控制箱电源输出使用 32 芯航空插座，如果连接 THDS-A 型电源箱需要重新定制 32 芯转 24 芯电源连接线。

车号智能跟踪装置

车号智能跟踪装置的主机安装到机柜内，连接好电源线、射频电缆、串口通信线缆、接地线。

室外射频电缆接到车号智能跟踪装置机箱后面板天线接头，射频电缆连接器应适当用力拧紧。

串口通信线缆一端连接到车号智能跟踪装置机箱后面板通信接口，一端连接到工控机 COM 接口。

注意：AEI-T1 型车号智能跟踪装置通信线缆连接需要两根，标准串口线缆连接控制箱 RS232 接口和工控机 COM 接口；专用通信线缆一端连接控制箱 RS232 接口，另一端连接车号智能跟踪装置机箱后面板通信接口。

工控机

硬件安装

工控机安装分为硬件安装和软件安装。

工控机是系统核心处理部分，主要包括 AD 板卡、I/O 板卡、多串口卡。工控机中的 AD 板卡和 I/O 板卡的插放位置最好按照规定插放。工控机 PCI 板卡插放位置如图 3-11 所示。

图 3-11 工控机 PCI 板卡插放位置示意图

① I/O 控制卡
② 多串口卡
③ AD 采集卡

连接 AD 电缆：AD 电缆为 1 对 1 的 DB62 连接电缆，一端接工控机 AD 板 DB62 接口，另一端接控制箱后面板 W1。

连接 I/O 电缆：I/O 电缆为 1 对 2 的连接电缆，分开的连接电缆 1 条接 I/O 控制板出(DB37)，另 1 条接 I/O 控制板入(DB37)。另一端接控制箱后面板 W2。

软件安装

XPE 操作系统安装

在出厂的时候工控机中已经预装好 XPE 操作系统及探测站软件,如果需要对工控机重做系统,则需要使用随机提供的安装光盘进行系统恢复。使用光盘启动,选择进入 WIN PE 系统后,点击开始—程序—克隆工具—Acronis True Image ES 9.1,如图 3-12 所示。

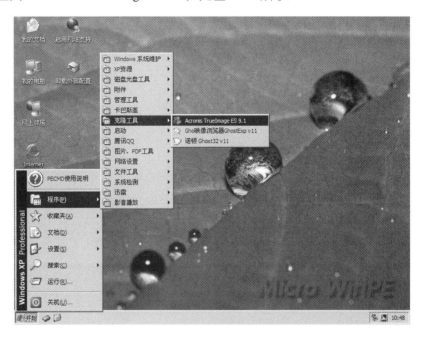

图 3-12 应用程序路径

Acronis True Image 程序运行后如图 3-13 所示,点击"还原"选项。

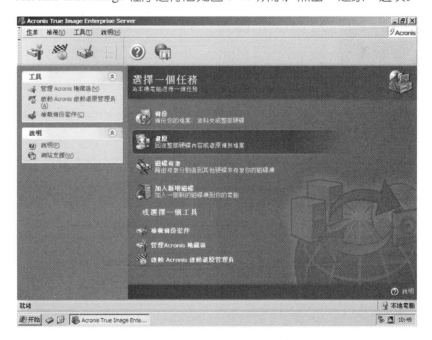

图 3-13 系统"还原"选项

选择光驱目录下的 .TIB 文件(根据光盘不同,文件名也不一样),然后点击"下一步",如图 3-14 所示。

图 3-14 选择.TIB 文件

如图 3-15 所示，选择"还原磁碟或分割区"，然后点击"下一步"，再按照文字提示进行选择，如果没有特殊情况请直接使用默认选择。

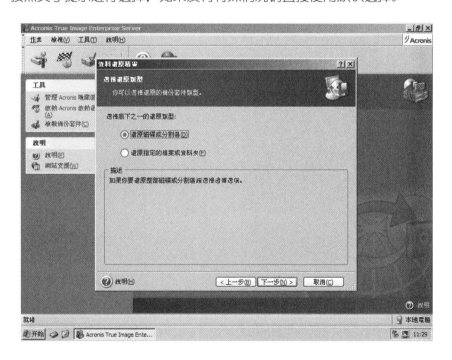

图 3-15 还原类型

如图 3-16 所示，点击"执行"，Acronis True Image 就开始恢复 XPE 的备份，大概几分钟完成恢复，重新启动计算机，恢复工作完毕。探测站程序运行所需要的驱动及运行库文件都会安装完成。

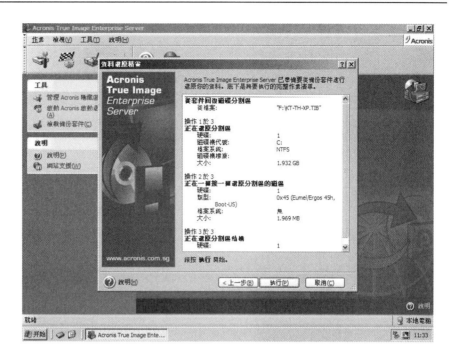

图 3-16 "执行"选项

Win10 操作系统安装　　Win10 操作系统工控机是通过系统恢复镜像文件重新安装系统的，系统恢复的方法及软件有多种，现通过其中的一种方法说明系统恢复的流程与注意事项。

1.制作 WinPE 启动盘，右键以管理员身份运行 [微PE工具箱 2.1 正式版.exe] 程序。

图 3-17 微 PE 工具箱软件安装

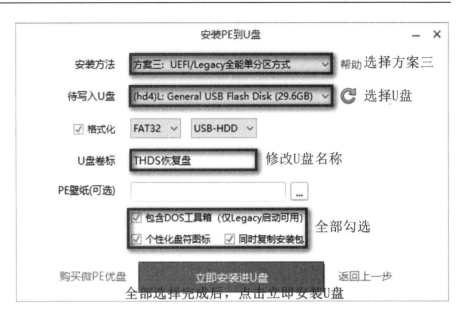

图 3-18 微 PE 工具箱软件安装

2.制作完成后运行 FAT32转NTFS格式.bat 批处理进行格式转换。

图 3-19 格式转换

3.开机按 F2 进入 BIOS，设置断电重启。首先选择 Chipse → PCH-IO Configuration，将 Restore AC Power Loss 设置为 Power On。

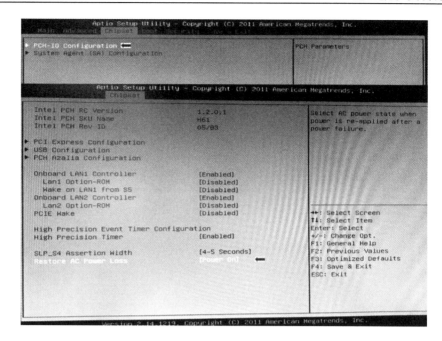

图 3-20 断电重启设置

4.进行启动项选择设置。选择 Boot→Hard drive BBS Priorition，进行启动顺序选择。

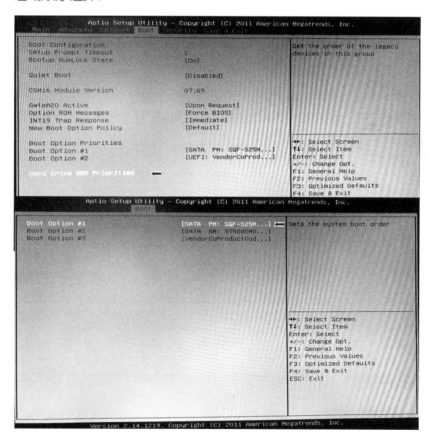

图 3-21 启动顺序设置

5.启动顺序选择完成后,按 F4 保存当前 BIOS 设置,并重启。

6.进入 WinPE 后,在此电脑中找到 U 盘软件中的 Acronis True Image 2013PE 绿色版.exe,双击运行。

7.选择恢复,打开浏览备份。

8.找到 U 盘中对应工控机系统的****.TIB 恢复文件,点击确定。

9.选择完恢复文件后,点击磁盘恢复。

10.核对一下恢复文件选取路径是否正确,点击"下一步"。

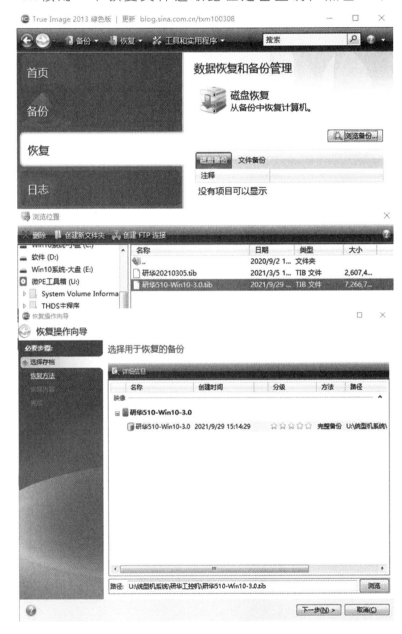

图 3-22 系统恢复操作

11.选择恢复整个磁盘和分区，然后点击"下一步"。

12.选择要恢复的硬盘，磁盘 1、磁盘 2 全部勾选，然后点击"下一步"。

13.选择磁盘 1 的目标位置，点击"确定"，然后点击"下一步"。

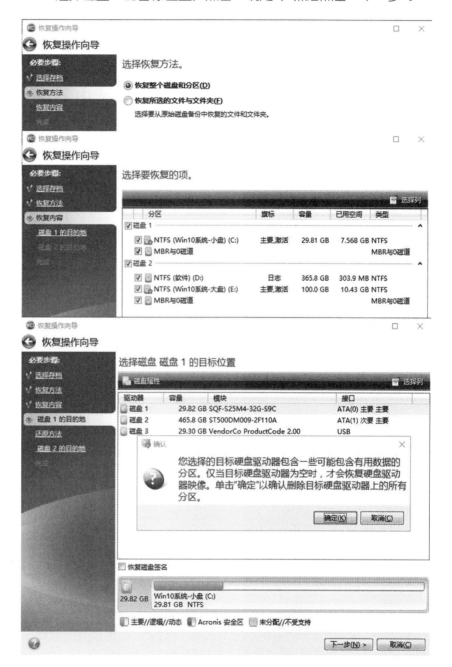

图 3-23 系统恢复操作

14.选择复制而不更改分区，然后点击"下一步"。

15.选择磁盘 2 的目标位置，点击"确定"，然后点击"下一步"。

16.选择复制而不更改分区，然后点击"下一步"。

17.点击"继续"。

图 3-24 系统恢复操作

18.等待系统恢复完成后，拔掉 U 盘，点击"重新启动"。

19.系统重启后，开机会提示错误，不用关注错误报警。此时查看 D 盘是否为程序盘（有 THDS 文件夹）。

20.使用不同版本操作系统时,注意选择对应的探测站主程序及 A/D 卡、I/O 卡的驱动程序。

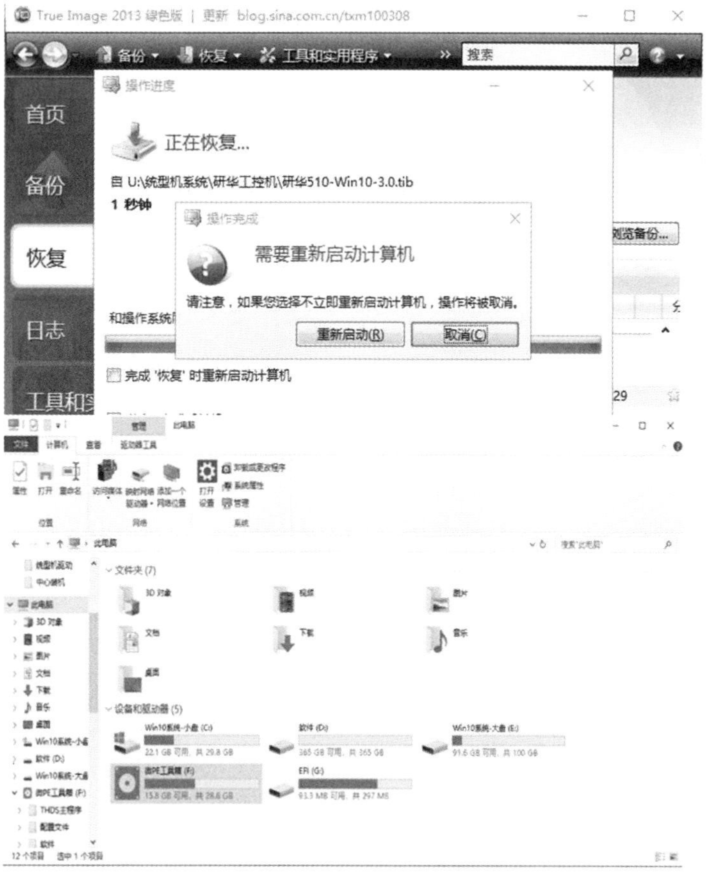

图 3-25 系统恢复操作

| 探测站软件安装 | 安装探测站软件时,直接把程序文件夹拷贝到自定义目录中即可,根据对应的探测站信息配置程序参数和通信参数后重新启动探测站程序。建议数据文件存盘路径指向数据硬盘的分区,并保证该分区的空间大于 40 GB。

XPE 系统由于采用电子盘写保护的工作方式,对系统进行操作后需双击桌面上的 save.bat 文件,对已进行的操作进行保存,否则系统将还原之前的状态。

 注意:探测站软件所需的驱动和运行库都安装完成后,才可以进行探测站软件安装,否则可能导致程序卡死或系统蓝屏。

系统调试

使用万用表测量各信号板电压,具体电压指标见表 3-3。

控制箱信号测量

表 3-3 测量电压指标

定 义	电压值 / V	备 注
左内探入	1±0.2	校零状态
左外探入	1±0.2	校零状态
右内探入	1±0.2	校零状态
右外探入	1±0.2	校零状态
+12 V	+12±0.2	
−12 V	−12±0.2	
VCC	5±0.2	
GND	0	
+18 V	+18±0.2	
−18 V	−18±0.2	
校零 5 V 出+	+5±0.2	校零状态
校零 5 V 出−		
30 V+	+32±3	
30 V−		
靶 30 V 出+	+32±3	热靶主控开
靶 30 V 出−		
保护门电机+	+32±3	保护门主控开
保护门电机−		
左内门状态入	开门=18，关门=0	
左外门状态入	开门=18，关门=0	
右内门状态入	开门=18，关门=0	
右外门状态入	开门=18，关门=0	

电源箱信号测量

使用万用表测量各电源板电压满足表 3-4 所示条件。

表 3-4 电源指标

电源板名称	测试点名称	电压值/V
逻辑电源	VCC	+5±0.2
	校 5 V	+5±0.2
板用电源	+12 V	+12±0.2
	−12 V	−12±0.2
信号电源	+18 V	+18±0.2
	−18 V	−18±0.2
功率电源	32 V	+32±3
加热电源	主 15 V	+15±0.2
	辅 15 V	+15±0.2
制冷电源	7 V	+7±0.2

后面板连接线检查

检查机柜后面板各插头紧固状态和连接线紧固状态,如图 3-26 所示。

图 3-26 连接线检查

系统性能检测

运行系统自检,检测各状态指标。

前放板自检

点击"前放板自检"按钮后,通过给指定的 13 路通道固定电压,对前放板本身进行检查。定时器每 2 s 发送一次 I/O 序号,读取对应通道的输出电压或温度,每检查一个通道都会将检测结果显示在自检结果列表中,如图 3-27 所示。

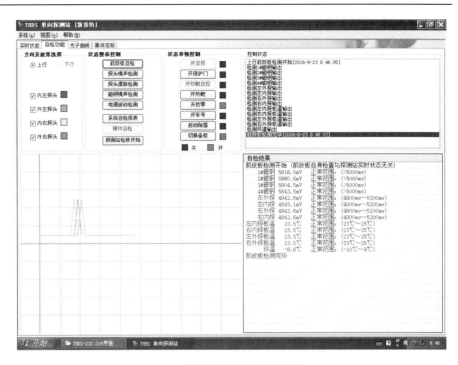

图 3-27 前放板自检

探头噪声检测

点击"探头噪声检测"按钮后，直接从四路探头对应的通道中取出 20 点的探头信号，转换为电压（mV）后，取峰－峰值得到结果。得到结果后将 20 点的采样值和检测结果一起显示在自检结果列表中，静态噪声正常指标<150 mV，如图 3-28 所示。

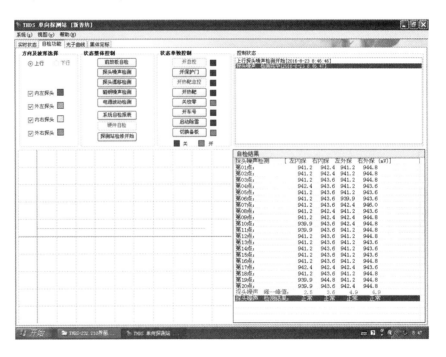

图 3-28 探头噪声检测

探头漂移检测

点击"探头漂移检测"按钮后，系统自动关闭校零，每隔 10 s 从四路探头对应的通道中取点，每取 1 个点都会将采样值显示在列表中，共 30 个点，探头信号转换为电压（mV）后，取得偏移值结果。检测完毕后系统自动开始校零，探头漂移检测共需要 5 min，如果在检测过程中过车或正在校曲线，程序会自动终止该项检测，并将状态恢复到初始状态，界面自动切换到实时状态页面，不会影响接车。探头漂移的正常指标<150 mV，如图 3-29 所示。

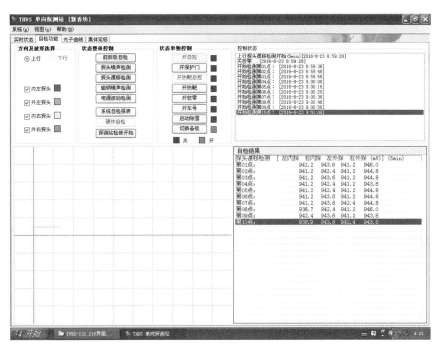

图 3-29 探头漂移检测

磁钢噪声检测

点击"磁钢噪声检测"按钮后，直接从四路磁钢对应通道中取出 20 点的磁钢信号，转换为电压（mV）后，取峰-峰值得到结果。正常指标<150 mV。20 点的采样值和检测结果将会一起显示在自检结果列表中，如图 3-30 所示。

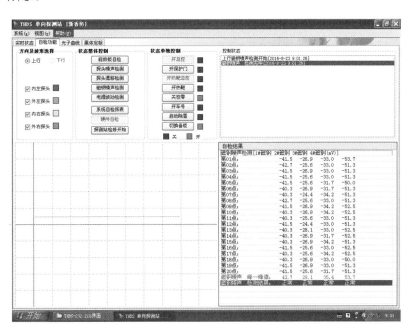

图 3-30 磁钢噪声检测

电源波动检测

点击"电源波动检测"按钮后,直接从五路电源对应通道中取出20点的电源信号,转换为电压(V)后,取峰–峰值得到结果。正常指标为±0.2 V。20点的采样值和检测结果将会一起显示在自检结果列表中,如图3-31所示。

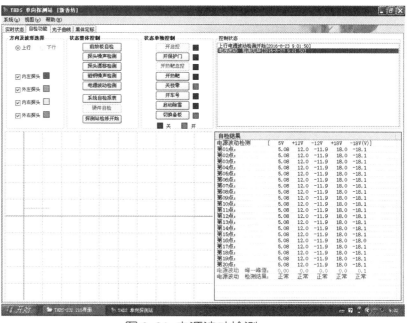

图 3-31 电源波动检测

测量磁钢信号输出状态

测量磁钢信号输出状态时用铁器在室外敲击磁钢,采用落下、抬起的方式,观测室内显示器波形状态形状,应为反正弦波形,如图3-32所示。

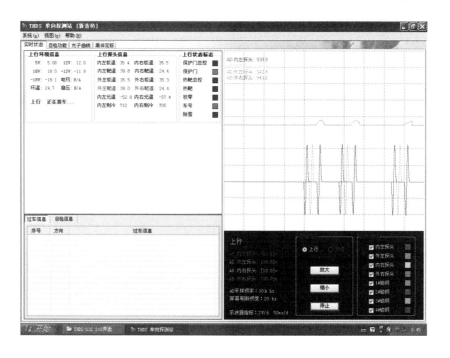

图 3-32 磁钢信号输出状态

探头角度调整

新型探头角度校正架是在老式模拟轴箱的基础上,为适应双角度探头校准而研制的,探头角度校正架比老式模拟轴箱更轻便,角度校准更方便更精确。使用探头角度校正架校对探头角度时，将校正架置于距 3 号磁钢 470 mm 处，针对不同轨型的安放距离见表 3-5。

表 3-5 探头角度校正架安放距离

轨型	距 3 号磁钢距离/mm
50 kg 轨	450
60 kg 轨	470
75 kg 轨	490

使用热源进行校准时，万用表置直流电压挡，当万用表输出最大值时，热源应处于内外探对应标靶圆心半径为 10 mm 的区域内，若不在靶范围，则调整探头角度。使用激光校准器进行校准时，分别将校准器吸卡于内外探头镜片前方，激光应照射在内外探对应标靶圆心半径为 10 mm 的区域内。其探照角度如图 3-33 中虚线箭头所指示。

图 3-33 角度调整示意图

探照点位置：内探探照点中心点距轨面高度 420±20 mm，距轨内侧 260±10 mm。外探探照点中心点距轨面高度 420±20 mm，距钢轨内侧 367±10 mm；

 注意：因线路等因素影响，车辆在经过个别探测站时，车辆的蛇形移动使车体可能较多地偏向一侧，因此探测站工作人员可根据实际情况对探头角度做相应调整。

探头定标

定标时将便携式标定仪设定好标定温度（设定方法详见标定仪使用说明书），待达到预设温度并稳定后，将标定仪黑体面扣置于探测箱探测孔上，开始探头定标，如图 3-34 所示。

图 3-34 定标仪及扣标图示

室内点击"开始"按钮后,系统将当前板温传给采集主线程,采集主线程开保护门,关校零,开始定标。用户可以通过观察探头的输出电压来判断是否停止定标,点击"停止"按钮后定标结束,将会在标定结果列表中显示结果,显示内容包括定标序号、方向、探头类型、补偿值、非线性、板温、元温、黑体温度、探头输出温度等。还可以手动保存定标结果,最多一次保存 4 个探头的定标结果,操作过程如图 3-35 所示。

 注意:定标时要注意探头硫化锌镜片表面应干净无灰,同时也要注意点温枪的误差,总之要排除这些相关因素导致的误差才能保证探头定标更准确。

定标过程中,探头输出电压一直都会显示在屏幕下方的波形区内,用户可以直观地看到黑体对探头输出产生的影响,手动和自动定标显示的结果完全一样。

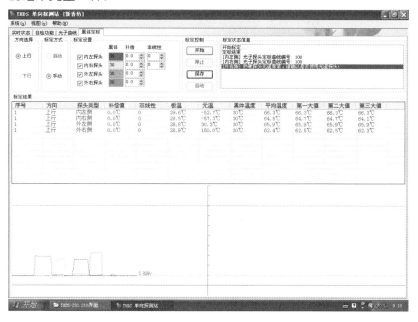

图 3-35 室内定标结果

探头方位检测原理

新型红外线检测车不仅能检测探头对轴温探测的精确程度，同时还可通过其悬挂在 2(或 7)轴下面的方位板来检测探头的角度。其原理是在一块能加热的黑体板上面覆盖一块隔热板，并在隔热板上面开一些槽，把黑体露出，探头在扫描这些露出的黑体时会在波形上形成尖峰，通过判断这些尖峰在波形中的位置来评价探头探测角度的优良。因为对于同一角度检测的黑体槽来说有点像大写的"Z"字，故又称检测车的方位板为 Z 字板，称其波形为 Z 字板波形，如图 3-36 所示。

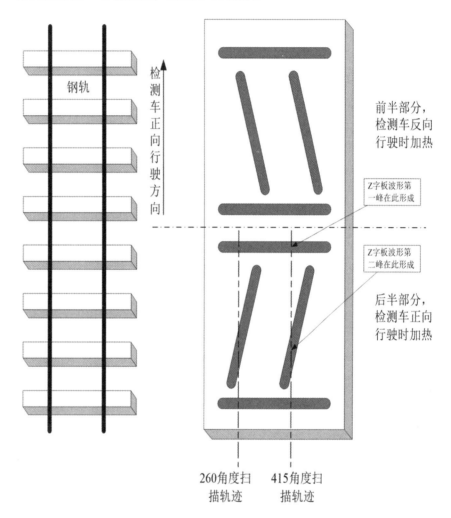

图 3-36 检测车 Z 字板扫描轨迹图

因为 HTK 铁道车辆轴温智能探测系统在探测列车时，将每个轴头的扫描距离固定为 450 mm，所以在扫描红外检测车 Z 字板时仅能形成两个峰的波形，如图 3-37 所示。一般来说，对于 Z 字板波形的第一峰来说相当于检测探头 45°仰角，对于第二峰与第一峰的距离(简称峰峰)来说相当于检测探头与钢轨的夹角及探头中心距轨内侧的距离。当第一峰偏大时说明此时探头的 45°仰角偏低，采集过早；当峰峰偏大时说明此时探头距轨内侧的距离偏小或夹角偏大，所以针对 Z 字板波形来调整探头角度可总结为一句话：一峰偏大增加延时，向高调；峰峰偏大远离钢轨向外调。

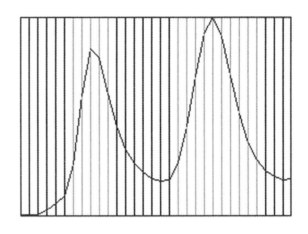

图 3-37 Z 字板波形

光子自适应系统检测

光子探头在进行手动校曲线时，通过单选按钮可以选择上下行、内外探。点击"开始"按键，系统自动完成校曲线，完成时间需约 150 s。如果校曲线过程中出现故障，会自动停止并提示故障类型。右侧区域提示目前系统存在的有效曲线数量，两个独立按钮可以分别删除对应位置的全部曲线，删除曲线后需要重新启动探测站程序，如图 3-38 所示。

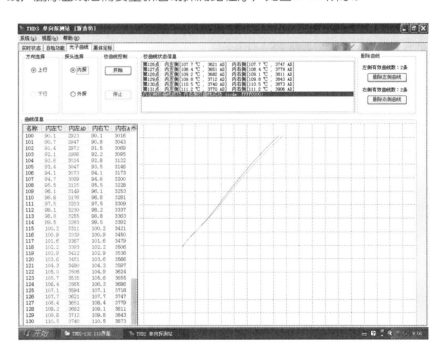

图 3-38 手动校曲线

通信软件调试

根据中心的分配站号及地址，配置探测站通道参数，可使探测站和检测中心正常通信。具体操作如图 3-39 所示。

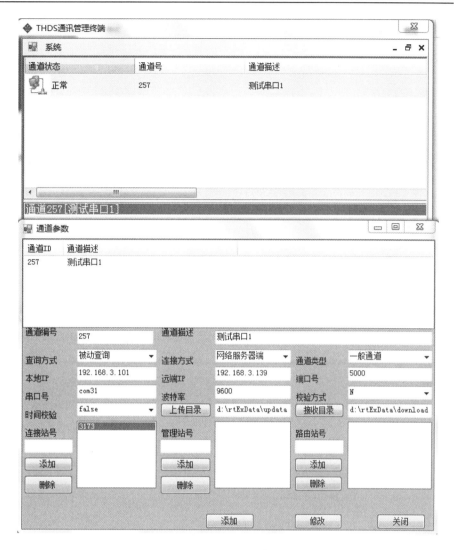

图 3-39 通道参数配置

模拟过车试验

利用模拟过车装置和手动划动磁钢形成过车，观测过车数据，如图 3-40 所示。

图 3-40 过车状态信息

第四部分 系统原理

基本原理

THDS 红外轴温探测系统主要包括探测站、红外线复示中心、红外线监测中心等。探测站是整个系统的主要部分，可完成列车车速、轴距、轴温等列车运行信息的采集、处理以及信号的传输通信等功能。

在工控机启动后，系统自动运行探测站软件，主程序派生出若干线程，分别为界面显示模块、自检功能模块、通信控制模块、数据采集模块及数据处理模块等。各线程之间切换采用消息传递机制，利用消息函数自带的参数进行分类处理，如图 4-1 所示。

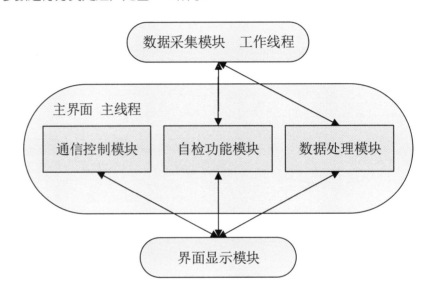

图 4-1 系统模块

数据采集模块是整个系统中最重要的模块，主程序把该模块置为最高优先级处理的线程。该线程中还派生出侦测磁钢信号子线程、电压信号采集子线程和车号信息处理子线程三个线程同时运行。

数据采集模块线程主要实现 5 个功能：

- 全列过车时轴温波形和磁钢信号波形的采集。
- 辅助磁钢板的中断信号处理及轴距、车速数据采集。
- 列车车号信息的采集。
- 外围硬件 I/O 控制及环箱温、靶温等温度处理辅助数据采集。
- 系统工作时独立的自检信息所需数据的采集。

数据处理模块主要针对过车时采集的全程波形进行分析处理，得到过车时的速度、轴距、轴温等关键信息。

自检功能模块在系统运行过程中，定时刷新各项实时状态，同时定时检查各项状态是否变化，如果变化会在本地保存报文并上传至中心。

界面显示模块提供完善的人机交互功能，可使探测站硬件的所有操作直观方便。

通信控制模块使用独立的功能模块来实现，采用文件共享的存储方式，和探测站主程序完全独立，互不干扰。

探测站工作过程

启动系统

探测站通电启动时，先启动 XPE 系统后自动运行探测站主程序，设备通电开始运行初始化函数，并根据配置文件创建数据采集线程，传递配置信息。系统初始化如图 4-2 所示。

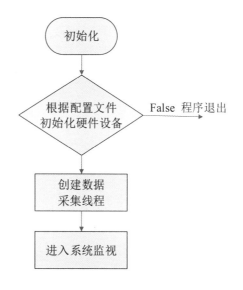

图 4-2 系统初始化

等待接车

在没有列车通过的情况下，探测站系统将定时进行自检，如果监视到过车则进入过车数据采集过程并处理。系统监视如图 4-3 所示。

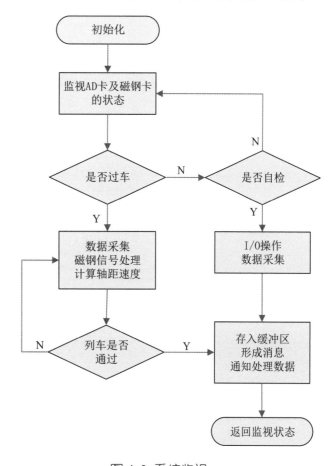

图 4-3 系统监视

列车压至磁钢

当车轮压至 1 号磁钢时，探测站主机首先判断是车轮信号还是干扰信号，当磁钢有效信号大于 3 次时，认为是来车信号，此时探测站主机系统向上位机发送一次正在过车报文，然后进入接车子程序，系统停止自检，探测站系统准备接车，处理来车的各种信息，为轴温采集做好准备工作。

"列车通过判别"主要是判断列车是否已通过，并发送列车已过消息。探测站在轴间距处理时为 1 字节，最大为 FF，换算成米为 25.5 m，通过计算两次磁钢信号间的时间间隔来判断列车是否通过。若时间间隔大于 $t = 25.5 / v$，则说明至少有 2 个轮子之间的距离大于 25.5 m，那么则判断列车已过。磁钢中断处理流程如图 4-4 所示。

得到列车已过信号后，将过车期间采集的原始数据交给数据处理模块进行后期处理。

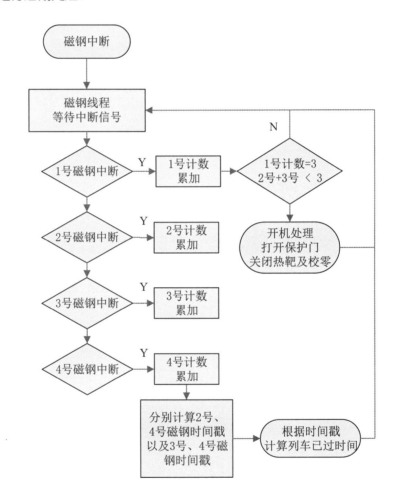

图 4-4 磁钢中断处理流程

信号处理

计算速度和轴距

系统建立的原始波形表缓冲区对应 4 个探头和 4 个磁钢，动态分配给每个位置 16 MB 的内存空间。根据采集的磁钢波形进行匹配，并填写速度表、轴距表以及轴数等基本信息。

当列车第一个轮子压上 2 号磁钢时，探测站记下该时刻为 t_1；该轮子压至 3 号磁钢时，记下该时刻为 t_2，同一轮子从 2 号磁钢到 3 号磁钢所

需的时间为 $\Delta t = t_2 - t_1$。2 号磁钢到 3 号磁钢之间的距离 s =270 mm，可以得到该轮子行驶通过 2 号磁钢、3 号磁钢时的速度为 $v = s/\Delta t = 270/(t_2 - t_1)$，这样就测出了该车轮通过探测点时的速度。得到每个车轮经过磁钢的即时速度后就可以计算车辆的轴距，当下一轮子压至 2 号磁钢时，记下该时刻 t_3，即可计算出车轮与车轮之间的距离 $L = v \times (t_3 - t_1) = 270 \times (t_3 - t_1)/(t_2 - t_1)$，即轴距。计算速度和轴距的处理流程如图 4-5 所示。

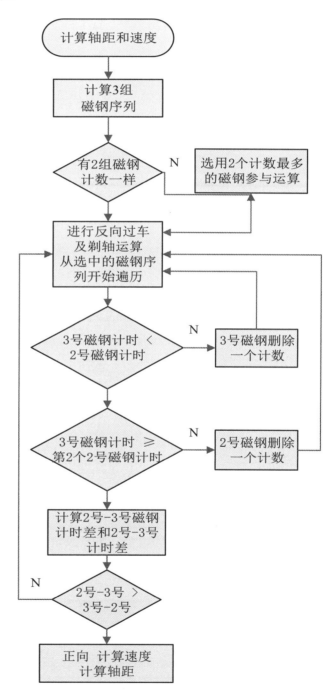

图 4-5 计算速度和轴距的处理流程

轴温处理

根据采集整理后的探头波形进行温度幅值计算。根据采集的探头波形进行匹配，共计扫描距离为 450 mm，整理后变成每根轴 32+n 点，每两个点间隔为 14.1 mm。采样频率根据每个车轴两端的即时速度进行调整，这样不论车速快慢，探头在轴箱上扫描的尺寸是一定的，扫描的频率随车速的变化而变化。轴温计算的处理流程如图 4-6 所示。

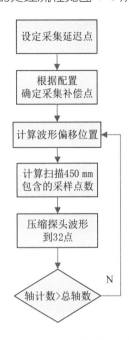

图 4-6 轴温计算的处理流程

处理车号信息

处理车号信息包括剔除重复车号标签及标签定位，标签处理流程如图 4-7 所示。

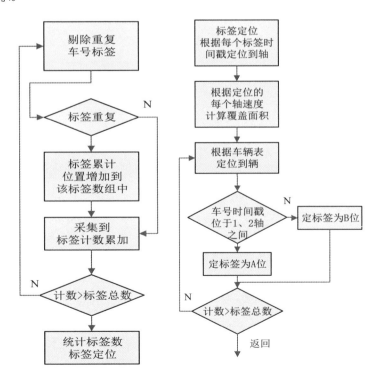

图 4-7 标签处理流程

计轴计辆

轴距表

我国车辆车型、结构品种很多，但各种车辆都有其特殊性，为计轴计辆提供了依据。例如，客车和货车两者台车有明显的区别。下面列出部分车辆的特征（单位为 dm）：

- 四轴机车台车距为 23±1，中档距为 93 以下，与客车连接距为 42～49（东方红 3 型机车）。
- 六轴机车台车距为 17±1，中档距为 81～85，与货车连接距为 39～44，与机车连接距为 56（东风 4 型机车）。
- 客车台车距为 23±1，中档距为 97～160，两客车连接距为 40～49。
- 货车台车距为 17±1，中档距为 43～140，两货车连接距为 25～30。
- 其他机车、车辆连接距，以匹配上为准。

货车轴距表（举例）：

17	17	88	17	17	43
17	84	17	28		
17	100	17	28		
17	82	17	29		
17	82	17	30		
17	83	17			

客车轴距表（举例）：

23	93	23	45
23	147	23	43
23	147	23	43
23	147	23	43
23	147	23	43
23	147	23	43

计轴计辆操作

根据采集的轴距形成轴距表，采用"前后齐看，丢轴补位"的计算方法，通过中国铁道车辆轴距库中提供的各种机车和车辆的台车距、中档距和连接距，分析出不同车辆的特征值进行数据库搜索，实现以下功能：

识别机车：通过积累的 40 多种机车的轴距特征，根据这些特征值与轴距表的符合情况，判别出机车的个数、位置和轴数。

识别客车、货车：表 4-1 列出了各类轴距特征值。对判为正常车的还需进行对称判别。在匹配不上或不对称之处置丢轴标志，待进一步处理。

判别连接条件：对已判别出的车辆，再根据表 4-2 所示的各种车的连接条件进行连接判别。若判别正确，则填写车辆表；否则置丢轴标志，待进一步处理。

丢轴处理：丢轴处理是保证计轴计辆准确性的重要手段。若丢轴标志不为零，则表明有丢轴现象。程序将对丢轴处的前后轴距进行分析，从而正确补位，形成车辆表。

软件内部约定：显示的探测列车总辆数为不包含前部和尾部机车数，但中间机车将算为辆数之内。

表 4-1 客车的轴距特征值

车型	台车距/dm	中档距/dm
客车	21～29	130～160

表 4-2 车辆连接条件

车型	客车连接距/dm	货车连接距/dm
客车	40～53	31～44
货车	31～44	21～35
机车	47～55	36～46
S11	34～42	24～32
S12	33～35	27～30
S23	40～47	29～38
内燃	39～62	29～52
电力	47～55	36～46

系统自检

实时状态检测

系统自检分为实时状态检测和手动控制检测两部分。

系统运行过程中，定时刷新各项实时状态，如果当前正在过车，暂停刷新。同时定时检查各项状态是否变化，如果变化则在本地保存报文并上传至中心。实时状态检测无须人工参与，由系统自动完成。实时状态检测工作流程如图 4-8 所示。

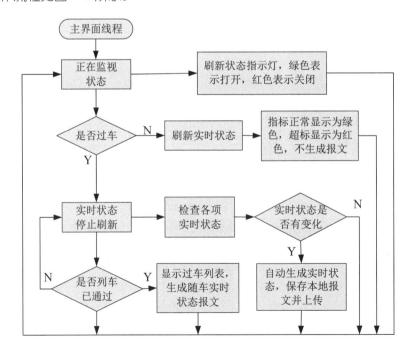

图 4-8 实时状态检测工作流程

手动控制检测

手动控制检测分为状态单独控制和状态整体控制两大部分。状态单独控制分为 7 项：开/关总控，开/关保护门，开/关热靶总控，开/关热靶，开/关校零，开/关车号，启动/关闭除雪。

用户在点击状态单独控制按钮后，主界面将设置对应的控制状态，采集线程根据当前的控制状态做出相应的处理。状态单独控制检测的工作流程如图 4-9 所示。

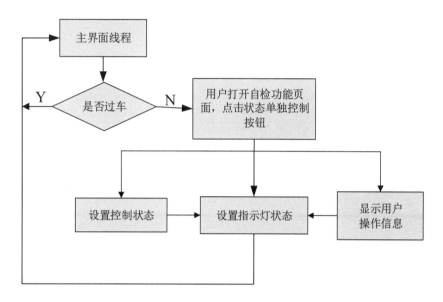

图 4-9 状态单独控制检测的工作流程

状态整体控制分为 5 项，分别为前放板自检、探头噪声检测、探头漂移检测、磁钢噪声检测、电源波动检测。状态整体控制检测的工作流程如图 4-10 所示。

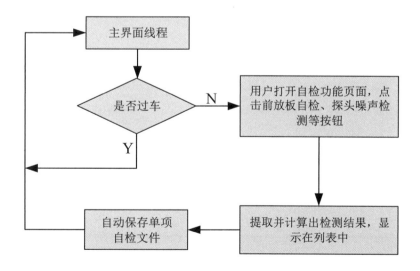

图 4-10 状态整体控制检测的工作流程

系统自检报表

系统自检报表功能是将前放板自检、探头噪声检测、探头漂移检测、磁钢噪声检测、电源波动检测 5 项检测逐一自动完成，生成检修电子台账，可保存到本地和上传至中心。系统自检报表的工作流程如图 4-11 所示。

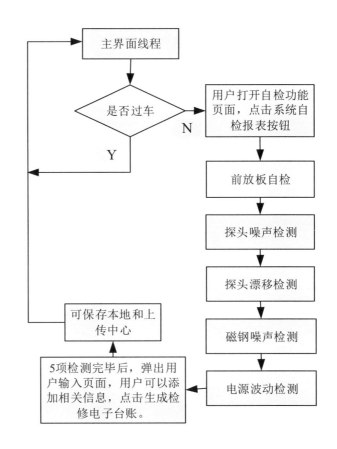

图 4-11 系统自检报表的工作流程

系统通信

探测站通信使用独立的功能模块实现,采用文件共享的存储方式,和探测站主程序完全独立,互不干扰。探测站将上传的文件都自动保存至上传文件目录中,通信线程实时监视该目录,如果有更新文件,则将该文件取出上传。通信的工作流程如图 4-12 所示。

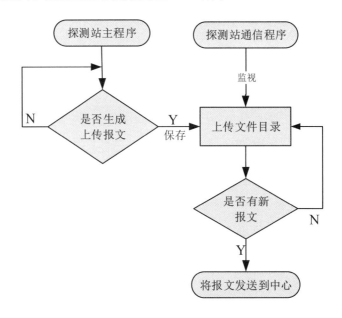

图 4-12 通信的工作流程

自适应系统原理

自适应系统部件主要有热靶和靶电机，由控制电缆连接，其作用是配合光子探头完成温度输出的量化工作。

热靶是自适应系统中对探头进行标定的一种热标准，校曲线时光子探头读取热靶不断均匀上升的温度，使光子探头得到一条与热靶温度相对应的电压幅值曲线，从而达到跟踪探头特性变化、转换光子探头输出值为绝对温度的目的。

光子曲线的完整性决定了光子探头温度采集的准确性，为此严格制定校曲线的规则是保证系统采集精度的重要依据。

- 每条曲线长度为 70 个点（点间隔>1 ℃）或者达到 110 ℃。
- 每侧曲线存储 102 条。

生成系统曲线

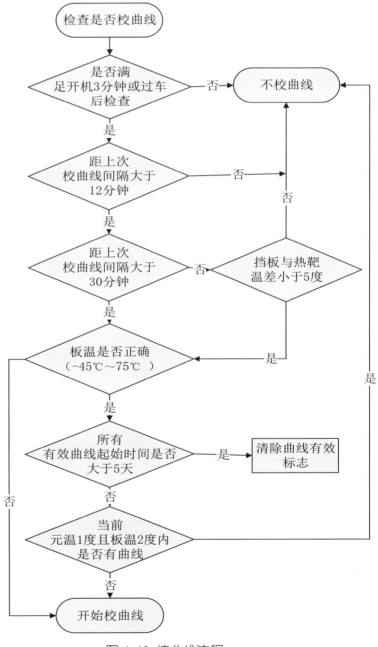

图 4-13 校曲线流程

系统自动校曲线需要进行 2 组条件检查，如果满足则校曲线，流程如图 4-13 所示。

条件 1：时间检查，开机 3 分钟后开始校曲线检测，与上一次校曲线的时间相比，间隔小于 12 分钟，则不校曲线；12 至 30 分钟，检查靶温与板温差，温差小于 5 度则检查条件 2 校曲线；30 分钟以上直接检查条件 2 校曲线。

条件 2：温度检查，工作环境与现有曲线的板温、元温相比较，若存在元温 1 度，板温 2 度以内曲线，则不校曲线，否则校对曲线。

条件 3：板温故障后每 30 分钟自动校曲线。

校曲线后更新曲线时间，为下一次校曲线做准备。

曲线错误检查 1

第 1 部分：校曲线过程中的错误检查。检查以下错误，具体流程如图 4-14 所示。

- 热靶第 1 个点的温度小于 -45 ℃，热靶损伤故障。
- 热靶第 1 个点的温度和板温差高 12 ℃ 或者低 12 ℃，起始温度异常。
- 探头 AD 和上一点 AD 相比上升大于 200，热靶温度和上一点温度相比上升大于 3.5 ℃，热靶加热过快。
- 连续 5 次采样没有成功，如果温度没有上升，热靶输出异常。
- 连续 5 次采样没有成功，如果 AD 没有上升，探头输出异常。

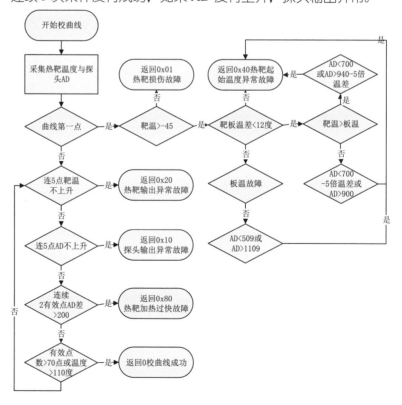

图 4-14 校曲线具体流程

曲线错误检查 2

第 2 部分：完整曲线检查。在曲线校满 70 个点或者大于 110 ℃后再次进行检查，检查以下错误，具体流程如图 4-15 所示。

- 曲线点数小于 30 个，热靶加热过快。
- 曲线第一点和最后一点的温度差小于 35 ℃，热靶加热不足。
- 曲线最后一点的 AD＞8 100，探头输出溢出。
- 曲线第一点和最后一点的 AD 差小于 1 000，探头输出异常。
- 曲线斜率大于 70.0 小于 10.0，曲线斜率故障。

如果整个校曲线过程中没有出现错误，则把该曲线存储。曲线共存储 102 条，其中前 100 条存储的为正常校曲线，第 101 条为手动生成的曲线，第 102 条为板温故障后使用的曲线。

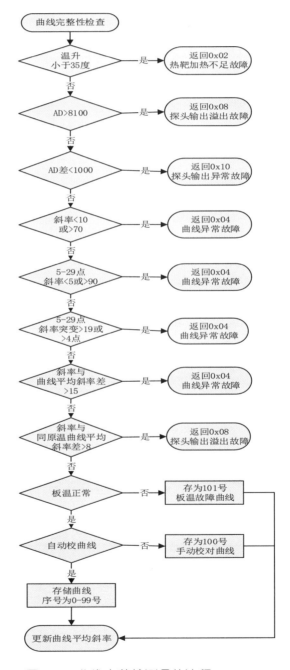

图 4-15 曲线完整检测具体流程

使用曲线

制定使用光子曲线的优先级别,具体流程如图 4-16 所示。

条件 1:如果板温故障,若存在 102 号曲线则选择第 102 号曲线。

条件 2:如果存在手动校得的曲线,检查这条曲线是否是最近 2 h 内校得的,若该曲线的内核温度和现环境下的内核温度差小于 2 ℃,板温差小于 3 ℃,则使用手动生成的 101 号曲线。

条件 3:遍历整个 100 条正常曲线,选择 5 d 以内的曲线进行比对。总共遍历两遍,第一遍找内核温度差 1 ℃ 且板温差 3 ℃ 以内的,3 小时内时间最接近曲线应用。

条件 4:如果第一遍没有找到,放大到寻找内核温度差 1 ℃ 且板温差 5 ℃ 以内板温最接近的曲线,如果存在则使用该条曲线。如果两次遍历都没有找到合适的曲线,则进行曲线拟合与固定折算。

条件 5:为了保证定标的精度,在定标时不使用拟合与折算曲线。

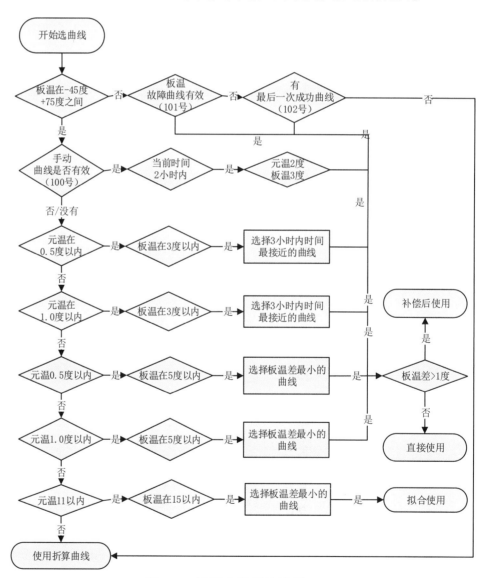

图 4-16 使用曲线具体流程

第五部分 硬件设备功能

本部分主要介绍探测站系统中重要硬件设备的功能、组成、技术指标和使用方法，本书涉及的硬件设备包括电源箱、控制箱、轴温传感器、工控机及车号智能跟踪装置。硬件系统共有 THDS-A 型、THDS-B 型、THDS-C 型三种设备型号。

THDS-A 型探测系统由 A 型控制箱、A 型电源箱及 A 型探测箱体组成；THDS-B 型探测系统由 B 型控制箱、B 型电源箱及 B 型探测箱体组成；THDS-C 型探测系统由 C 型控制箱、C 型电源箱及 C 型探测箱体组成。

电源箱

THDS 车辆安全检测系统电源箱是一种采用欧式总线、前插板方式的电源箱，由机箱和模板组成，各模板名称及数量参照表 5-1，各模板的使用温度、相对湿度及存储温度同电源箱技术指标，各模板的外形尺寸均为 178 mm × 115 mm（长×宽）。

表 5-1 电源箱各模板名称及数量

模板名称	单位	数量
逻辑电源板	块	1
板用电源板	块	1
信号电源板	块	1
功率电源板	块	1
加热电源板	块	1
制冷电源板	块	4

技术指标

- 连接 THDS 控制箱数量：1 台。
- 外部连接线：电源转接线。
- 工作温度：-30~50 ℃。
- 工作湿度：40%~85%。
- 存储温度：-40~85 ℃。
- 最大外形尺寸：480 mm × 180 mm × 520 mm（宽×高×深）。

使用说明

前面板说明

前面板示意图如图 5-1 所示。

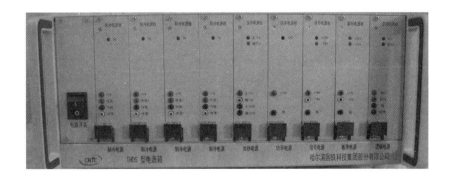

图 5-1 前面板示意图

后面板说明

逻辑电源、板用电源、信号电源、功率电源、加热电源 5 块电源板的输出分别与两路电源转接插座相连，制冷电源板只与电源转接相连。

A/B 型电源箱后面板示意图如图 5-2 所示。

图 5-2 A/B 型电源箱后面板示意图

① 风机开关　② 电源转接 1　③ 电源转接 2　④ 电源 220 V

"电源 220 V"用于连接外电源输入；"电源转接 1"插座和"电源转接 2"插座连接 THDS-A/B 型控制箱。

C 型电源箱后面板示意图如图 5-3 所示。

图 5-3 C 型电源箱后面板示意图

① 控制箱电源输出　② 通用电源输出

"电源 220 V"用于连接外电源输入；"控制箱电源输出"插座连接 THDS-C 型控制箱；"通用电源输出"插座连接 THDS-A/B 型控制箱或热轮控制箱。

电源箱底板上有风机开关，只有插上加热电源板时，风机才可以使用。

THDS 电源箱电源转接插座及通用插座定义详见第九部分信号定义。

 注意：THDS-A/B 型电源箱的电源转接航空插座为 24 芯；THDS-C 型电源箱的控制箱电源输出航空插座为 32 芯，通用电源输出航空插座为 24 芯。

电源箱板卡功能
逻辑电源板

逻辑电源板是统型机电源箱模板之一、采用 15 针欧式插针和前插板方式的电源板，如图 5-4 所示。本逻辑电源板适用于 THDS 系统电源箱。

图 5-4　逻辑电源板

技术指标

- 交流输入：一组 VCC 电源 11 V/6 A，一组校零电源 9 V/0.3 A。
- VCC 电源输出电压：5 V±0.2 V。
- VCC 电源最大输出电流：5 A。
- 校零电源输出电压：5 V±0.2 V。
- 直流辅助电源最大输出电流：0.3 A。
- 输出纹波：≤20 mV。

使用方法

指示灯：

- VCC：VCC 电源电压指示灯。
- 校 5 V：校零 5 V 电源电压指示灯。

测试孔：

- VCC、地：　VCC 电源输出电压测试孔。
- 校 5 V、校地：校零电源输出电压测试孔。

开机上电：

逻辑电源板插入电源箱"逻辑电源"位置，开机上电后，VCC 指示灯、校 5 V 指示灯应处于点亮状态。

输出电压测试：

- 使用万用表测试 VCC 电压，红表笔接"VCC"测试端子，黑表笔接"地"测试端子。
- 使用万用表测试校 5 V 电压，红表笔接"校 5 V"测试端子，黑表笔接"校地"测试端子。

板用电源板

板用电源板是统型机电源箱模板之一、采用 15 针欧式插针和前插板方式的电源板，由整流滤波电路、稳压电路等组成，如图 5-5 所示。本板用电源板适用于 THDS 系统电源箱。

图 5-5　板用电源板

技术指标

- 交流输入：二组电源 15 V/2 A。
- +12 电源输出电压：12 V±0.2 V。
- +12 电源最大输出电流：1.5 A。
- −12 电源输出电压：−12 V±0.2 V。
- −12 电源最大输出电流：1.5 A。
- 输出纹波：≤15 mV。

使用方法

指示灯：

- +12 V：+12 V 电源电压指示灯。
- −12 V：−12 V 电源电压指示灯。

测试孔：

- +12 V、地：为+12 V 电源输出电压测试孔。
- −12 V、地：为−12 V 电源输出电压测试孔。

开机上电：

板用电源板插入电源箱"板用电源"位置，开机上电后，+12 V 指示灯、−12 V 指示灯应处于点亮状态。

输出电压测试：

- 使用万用表测试+12 V 电压，红表笔接"+12 V"测试端子，黑表笔接"地"测试端子，电压值应为 12 V±0.2 V。
- 使用万用表测试−12 V 电压，红表笔接"−12 V"测试端子，黑表笔接"地"测试端子，电压值应为−12 V±0.2 V。

功率电源板

功率电源板是统型机电源箱模板之一、采用 15 针欧式插针和前插板方式的电源板，由整流滤波电路、稳压电路等组成，如图 5-6 所示。30 V 电压整流桥安装在电源箱底板上，稳压管安装在电源箱后面板的散热片上。本功率电源板适用于 THDS 系统电源箱。

图 5-6　功率电源板

技术指标

- 交流输入：一组电源 30 V /4 A。
- 30 V 电源输出电压：32 V±3 V。
- 30 V 电源最大输出电流：4 A。
- 输出纹波：≤ 40 mV。

使用方法

指示灯：

- 30 V：30 V 电源电压指示灯。

测试孔：

- +30 V、地：30 V 电源输出电压测试孔。

开机上电：

功率电源板插入电源箱"功率电源"位置，开机上电后，30 V 指示灯应处于点亮状态。

输出电压测试：

使用万用表测试 30 V 电压，红表笔接 "+30 V" 测试端子，黑表笔接 "地" 测试端子，电压值为 30 V±1 V。

制冷电源板

制冷电源板是一种专门配合制冷控制板使用、采用 15 针欧式插针和前插板方式的新型制冷电源板，由整流滤波电路、基准电路、采样电路、比较放大电路、过流保护电路、驱动电路、调整电路等组成，如图 5-7 所示。本制冷电源板适用于 THDS 系统电源箱与 499 型双探光子控制箱。

图 5-7　制冷电源板

技术指标

- 交流输入：一组电源 12 V/1.2 A。
- 直流输出电压：7 V ± 0.2 V。
- 最大输出电流：1 ~ 1.050 A。
- 保护电流值：1 ~ 1.050 A。
- 输出纹波：≤ 15 mV。

指示灯：

7 V：7 V 电源电压指示灯。

测试孔：

- +7 V、7 V 地：制冷电源输出电压测试孔。
- 冷流+、冷流－：制冷电流测试孔。

使用方法

开机上电：

制冷电源板插入电源箱"制冷电源板 1"或"制冷电源板 2"的位置，开机上电后，指示灯应处于点亮状态。

输出电压测试：

- 使用万用表测试 7 V 电压，红表笔接"+7 V"测试端子，黑表笔接"7 V 地"测试端子，其电压值应满足技术指标要求，当制冷电流超过保护电流时，7 V 电压自动降低。
- 使用万用表电压挡测试制冷板制冷电流，红表笔接"冷流+"测试端子，黑表笔接"冷流－"测试端子，测得的电压除以 0.22 即为制冷电流，未接光子探头时，制冷电流为 0，接光子探头后，最大制冷电流应不超过 1 A。

加热电源板

加热电源板是一种专门配合加热控制板使用、采用 15 针欧式插针和前插板方式的新型加热电源板。加热电源板的主电源、辅助电源由整流滤波电路、稳压电路等组成，如图 5-8 所示。本加热电源板适用于 THDS 系统电源箱与 499 型双探光子控制箱。

图 5-8 加热电源板

技术指标

- 交流输入：一组主电源 18 V/4 A，一组辅助电源 18 V/0.1 A。
- 直流主电源输出电压：15 V±0.2 V。
- 直流主电源最大输出电流：3.5 A。
- 直流辅助电源输出电压：15 V±0.2 V。
- 直流辅助电源最大输出电流：0.1 A。
- 输出纹波：≤ 40 mV。

指示灯：

使用方法

- 主 15 V：主 15 V 电源电压指示灯。
- 辅 15 V：辅 15 V 电源电压指示灯。

测试孔：

- 主 15 V、主 15 地：主电源输出电压测试孔。
- 辅 15 V、辅 15 地：辅助电源输出电压测试孔。

开机上电：

加热电源板插入电源箱的"加热电源板"位置，开机上电后，主 15 V 指示灯、辅 15 V 指示灯应处于点亮状态。

输出电压测试：

- 使用万用表测试主 15 V 电压，红表笔接"主 15 V"测试端子，黑表笔接"主 15 地"测试端子。
- 使用万用表测试辅 15 V 电压，红表笔接"辅 15 V"测试端子，黑表笔接"辅 15 地"测试端子。

信号电源板

信号电源板是统型机电源箱模板之一、采用 15 针欧式插针和前插板方式的电源板，由整流滤波电路、稳压电路等组成，如图 5-9 所示。本信号电源板适用于 THDS 系统电源箱。

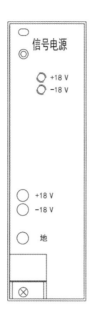

图 5-9　信号电源板

技术指标

- 交流输入：二组电源 20 V/1.5 A。
- +18 V 电源输出电压：18 V±0.2 V。
- +18 V 电源最大输出电流：1.5 A。
- −18 V 电源输出电压：−18 V±0.2 V。
- −18 V 电源最大输出电流：1.5 A。
- 输出纹波：≤ 15 mV。

使用方法

指示灯：

- +18 V：+18 V 电源电压指示灯。
- −18 V：−18 V 电源电压指示灯。

测试孔：

- +18 V、地：+18 V 电源输出电压测试孔。
- −18 V、地：−18 V 电源输出电压测试孔。

开机上电：

信号电源板插入电源箱"信号电源"位置，开机上电后，+18 V 指示灯、−18 V 指示灯应处于点亮状态。

输出电压测试：

- 使用万用表测试+18 V 电压，红表笔接"+18 V"测试端子，黑表笔接"地"测试端子，电压值应为 18 V±0.2 V。
- 使用万用表测试−18 V 电压，红表笔接"−18 V"测试端子，黑表笔接"地"测试端子，电压值应为 −18 V±0.2 V。

控制箱

THDS 车辆安全检测系统控制箱是一种适用于统型机,采用欧式总线、前插板方式的控制箱,由整机机箱和模板组成,各模板名称及数量参照表 5-2,各模板的工作温度、相对湿度及存储温度同控制箱技术标准,各模板的外形尺寸均为 242(255) mm × 114 mm(长×宽)。

表 5-2 控制箱各模板名称及数量

模板名称	单位	数量
控制板	块	1
加热控制板 1	块	1
加热控制板 2	块	1
制冷控制板	块	2
前放板(主)	块	1
前放板(从)	块	1

系统检测及控制电路模板都装在此控制箱内,它是车辆安全检测系统的核心部位。

 注意:THDS-C 型控制箱额外提供一块制冷控制板,用于外探光子探头工作。

技术指标

- 连接探测箱数量:2 路(左、右)。
- 连接探头数量:4 个探头(光子或者热敏)。
- 连接热靶数量:4 个热靶。
- 外部探头连接电缆:2/4 根。
- 外部控制连接电缆:2 根。
- 工作温度:-30~50℃。
- 相对湿度:40%~85%。
- 存储温度:-40~85℃。
- 最大外形尺寸: 480 mm×180 mm×520 mm(宽×高×深)。

使用说明

前面板说明

THDS-A/B 型控制箱前面板示意图如图 5-10 所示。

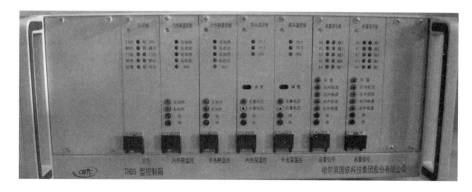

图 5-10 THDS-A/B 型控制箱前面板示意图

THDS-C 型控制箱前面板示意图如图 5-11 所示。

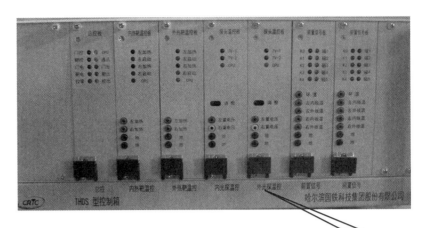

图 5-11　THDS-C 型控制箱前面板示意图

后面板说明

THDS-A/B 型控制箱后面板示意图如图 5-12 所示。

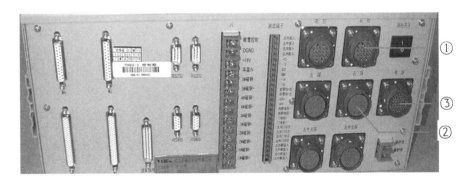

图 5-12　THDS-A/B 型控制箱后面板示意图

① 控制插座
② 探头插座
③ 电源插座（24 芯）

THDS-C 型控制箱后面板示意图如图 5-13 所示。

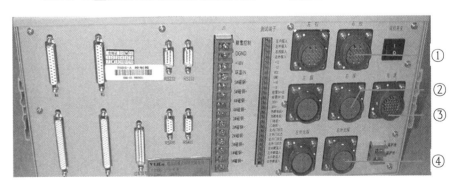

图 5-13　THDS-C 型控制箱后面板示意图

① 控制插座
② 探头插座
③ 电源插座（32 芯）
④ 外探光子插座

后面板 DB 座：

- W1：DB62 座，连接 1 对 1 电缆，接 AD 口。
- W2：DB62 座，连接 1 对 2 电缆，接 I/O 口。
- W3/W4：扩展预留。
- 过车信号：连接统型机信号发生器。
- RS485 接口：板卡监控。
- RS232 接口：连接车号。

接线端子：

- 外部信号接线端子 J1：用于连接磁钢、环温、除雪控制设备。
- 测试端子：重要信号测试点(信号电压值)。

航空插座：

- 电源航空插座：连接电源箱。
- 控制航空插座：连接 A/B/C 型探测箱体。
- 探头航空插座：连接光子探头和热敏探头。
- 外左光探、外右光探：孔、外探光子探头航空插座：连接外探光子探头。
- 风机开关：控制箱风机控制开关。

控制箱航空插座及 DB 插座定义见第九部分信号定义。

注意：THDS-A/B 型控制箱的电源航空插座为 24 芯，THDS-C 型控制箱的电源航空插座为 32 芯。

注意：THDS-C 型控制箱兼容 A 型、B 型、C 型探测箱体的信号接入。

控制箱板卡功能

制冷控制板

制冷控制板是一种具有双路制冷控制电路，采用 96 针欧式总线插针和前插板方式的新型制冷控制板，主要由单片机电路、D/A 电路、控制电路、基准电路、过流保护电路、驱动电路、功率输出电路、制冷电流调理电路、缓冲电路、元件温度调理电路、RS485 通信接口电路等组成。具体如图 5-14 所示。

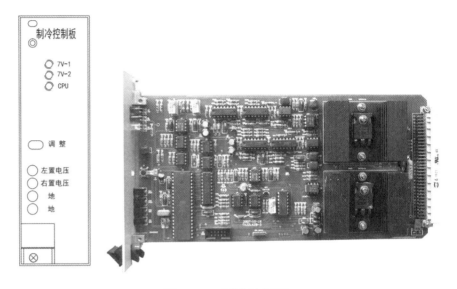

图 5-14 制冷控制板

技术指标

- 制冷控制路数：2 路，每路控制 1 个光子探头。
- 光子元件温度信号：2 路电压信号。
- 制冷电流保护值：950 mA±20 mA(2 路分别保护)。
- 左、右预置电压范围：0～5 V。
- 制冷电流调整模式：接到调整命令后左、右 2 路制冷电流同时调整。
- 手动命令最长调整时间：约 4 min 30 s。
- 微调命令固定调整时间：45 s。
- 微调命令脉冲极性及宽度：正极性(TTL 电平)，宽度应大于 3 ms，小于 10 ms。
- 制冷电流值输出信号：2 路电压信号。
- 左制冷电源：DC 7 V/1.2 A。
- 右制冷电源：DC 7 V/1.2 A。

使用方法

指示灯：

- 7 V-1：制冷电源 1 指示灯。
- 7 V-2：制冷电源 2 指示灯。
- CPU：CPU 状态指示灯，亮、灭周期为 2 s，制冷电流调整时常亮，调整结束恢复到亮/灭状态。

测试孔：

- 左置电压：左探预置电压值。
- 右置电压：右探预置电压值。

- 开机上电：制冷控制板插入控制箱的"制冷控制板"位置。
- 手动调整：需要手动调整制冷电流时，可用硬物伸入调整孔点击按钮，平时用户不可点击此按钮。
- 微 调：制冷电流微调由软件完成。

 注意：电位器出厂时已标定，用户不要调整。

加热控制板

加热控制板是一种可单路分别加热或双路同时加热、采用 96 针欧式总线插针和前插板方式的新型加热控制板，主要由节拍电路、D/A 电路、放大电路、基准电路、过流保护电路、驱动电路、继电器电路、靶温调理电路、靶温保护电路、单片机电路、RS485 通信电路等组成，如图 5-15 所示。

技术指标

- 驱动热靶路数：2 路，每路 1 个热靶。
- 加热控制信号：2 路，每路 1 位 TTL 电平控制信号。
- 加热速率：33 ℃左右/分。
- 保护温度：120 ℃±5 ℃(2 路分别保护)。
- 加热保护电流：每路最大电流为 1.5 A。
- 加热主电源：DC 15 V/3 A。
- 加热辅电源：DC 15 V/0.1 A。
- 热靶温度测量范围：−50~150 ℃。
- 热靶温度输入信号：2 路 4~20 mA 电流信号，4~20 mA 电流信号经调理电路输出为 0~10 V 电压，0 V 对应−50 ℃，10 V 对应 150 ℃。
- 热靶温度测量灵敏度：50 mV/℃。
- 热靶温度信号输出：2 路 0~10 V 电压信号。
- 电流回路负载电阻：250 Ω。

图 5-15 加热控制

使用方法

加热控制板的 2 路靶温输入信号、2 路靶温输出信号、2 路加热启动控制信号可通过跳线设置将加热控制板设置为内加热控制板或外加热控制板。

加热控制板信号设置：

- J4 连接：左热靶温度信号输入(4~20 mA)。
- J5 连接：右热靶温度信号输入(4~20 mA)。

加热控制板的 2 路热靶加热驱动输出设置可通过 S1 的开关设置将加热控制板设置为内加热控制板或外加热控制板。

内加热控制板跳线设置如图 5-16 所示。

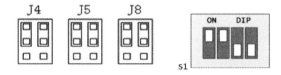

图 5-16　内加热控制板跳线设置

外加热控制板跳线设置如图 5-17 所示。

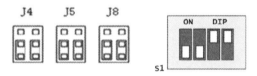

图 5-17　外加热控制板跳线设置

 注意：加热控制板使用前应检查跨接套，不应有脱落现象。J4~J9、S1 设置确定后，加热控制板插入转换箱的位置就已确定，不可插错。

加热速率设置：

加热控制板加热速率通过 J1(左靶)、J2(右靶)设置。跨接套跨接于 10 位置时，加热速率为最低；跨接套跨接于 50 位置时，加热速率为最高，如图 5-18 所示。1~5 分别表示室外电缆长度 5 ~ 50 m。

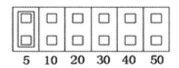

图 5-18　加热速率设置

 注意：应根据控制电缆长度选择加热速率，电缆越长，选择的加热速率应越高。

加热控制板类型设置：

根据控制箱所配套的探测箱体不同需要对加热控制板进行跳线设置，安装 A 型探测箱时跳线设置如图 5-19 所示，安装 B/C 型探测箱时跳线设置如图 5-20 所示。

图 5-19　对应 A 型探测箱加热控制板设置

图 5-20　对应 B/C 型探测箱加热控制板设置

加热启动

加热控制板设置为内加热控制板时，左内加热启动信号为"加热控制 1"，右内加热启动信号为"加热控制 2"；加热控制板设置为外加热控制板时，左外加热启动信号为"加热控制 3"，右外加热启动信号为"加热控制 4"。

加热控制启动时，启动绿色指示灯和加热红色指示灯亮，测试孔电压由 0.68 V 跳到 5 V 左右且逐渐升高；加热控制关闭时，启动绿色指示灯和加热红色指示灯灭，测试孔电压为 0.68 V。

前面板测试端子分别连接到 2 路加热输出的驱动端，测试时万用表的黑表笔插入"地"测试孔，红表笔插入"加热控制 1"或"加热控制 2"红色测试孔内。加热控制未启动时，电压值为 0.68 V，启动后，电压值为 5 ~ 10 V，负载电阻为 6 Ω。

注意：加热控制启动后，如绿灯亮而红灯不亮，可能因为电路故障造成无加热电压输出，或者因为热靶温度超过 120℃，保护电路启动使加热输出电压过低。

控制板

控制板是一种适用于统型机，采用欧式总线、前插板方式的新型控制板。由译码电路、MCU 电路、RS-485 通信接口电路、继电器驱动电路、保护门电机继电器电路、热靶电机继电器电路、校零继电器电路和过压保护电路组成，如图 5-21 所示。用于探头校零、保护门电机、热靶电机的驱动。

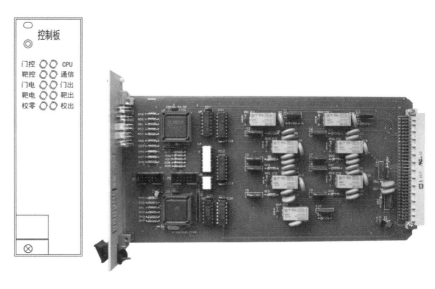

图 5-21 控制板

技术指标

- 保护门电路驱动能力：30 V/2.5 A。
- 热靶电路驱动能力：30 V/2.5 A。
- 校零电路驱动能力：30 V/1 A。
- I/O 控制命令电平：TTL 电平(可接开路输出 I/O)。
- 逻辑电源：5 V/0.5 A。
- 功率电源：30 V/3 A。

使用方法

控制及 LED 指示灯状态：

- 门控：门控命令启动，该灯亮，保护门电机主控继电器闭合，保护门电机通电。
- 靶控：靶控命令启动，该灯亮，热靶电机主控继电器闭合，热靶电机通电。
- 门电：保护门电机方向命令启动，该灯亮；保护门电机方向命令关闭，该灯灭。
- 靶电：热靶（挡板）立向命令关闭，该灯亮；热靶（挡板）立向命令启动，该灯灭。
- 校零：校零命令启动，该灯亮，校零继电器应接通；校零命令关闭，该灯灭，校零继电器应断开。
- 门出：该灯灭，表示保护门电机继电器电路无 30 V 输出；该灯为红，表示保护门电机两端加入的 30 V 为正方向；该灯为绿，表示保护门电机两端加入的 30 V 为反方向。
- 靶出：该灯灭，表示热靶电机继电器电路无 30 V 输出；该灯为红，表示热靶电机两端加入的 30 V 为正方向；该灯为绿，表示热靶电机两端加入的 30 V 为反方向。
- 校出：该灯亮，表示校零继电器接通控制板有校零电压输出；该灯灭，表示无校零电压输出。
- CPU：CPU 工作时该灯亮。
- 通信：指示通信状态。

注意：使用前应确认电机回路无短路现象，切换电机方向前应先断电，再改变电机方向。

前放板

前放板是一种适用于统型机，采用欧式总线、前插板方式的新型前置放大板。电路由逻辑电路、磁钢电路、调理电路、自检电路、驱动电路等组成，如图 5-22 所示。

该板具有磁钢处理，信号调理及主、备板切换功能(即热备份)。统型机控制箱插两块前放板，如果主板有异常，系统会自动将备板接入系统，系统的可靠性得到了大幅提高。

技术指标

- 外接磁钢路数：5 路。
- 适用磁钢类型：无源磁钢。
- 磁钢内阻：1 kΩ。
- 磁钢放大电路输出路数：5 路。
- 输出幅值：$-10 \sim 10$ V。
- 磁钢脉冲电路输出路数：5 路。
- 输出电平：TTL 电平。
- 板温路数：4 路(4～20 mA)。
- 板温负载电阻：500 Ω。
- 环温路数：1 路(4～20 mA)。
- 环温负载电阻：500 Ω。
- 探头输出缓冲电路：4 路(1∶1)。
- 保护门状态路数：4 路。
- 保护门状态输入：保护门开时输入为+18 V；保护门关时输入为开路。
- 保护门状态输出：保护门开时输出为+5 V；保护门关时输出为 0 V。
- I/O 命令电平：TTL 电平(可接开路输出 I/O)。
- 逻辑电源：5 V/1.5 A。
- 线性电路电源：±12 V。

图 5-22　前放板

使用方法

主、备板设置：

通过 J1 设置，前放板用作主板时 J1 的设置如图 5-23 所示，前放板用作备板时 J1 的设置如图 5-24 所示。

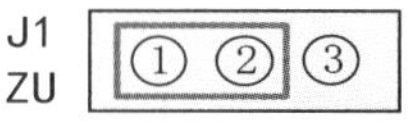

```
J1          J1
ZU ①②③    ZU ①②③
```

图 5-23 主板设置 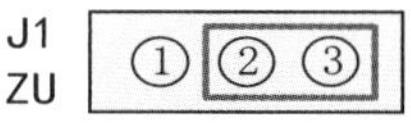　　图 5-24 备板设置

拨动开关 SW1~SW5：

开关置于"ON"，磁钢放大反馈电路并入 104 电容，用于改变放大电路的频率特性，接入的电容越多，电路的频率特性越差，因此可根据现场情况选择。

拨动开关 SW6~SW10：

开关置于"ON"，磁钢放大反馈电路并入电阻，用于改变放大电路的增益，接入的电阻越多，放大电路的增益越低，因此可根据现场情况选择。

低速装置接入设置：

如果安装磁钢抗干扰低速装置需要对前放板进行跳线，默认状态设置如图 5-25 所示，接入低速装置后的设置如图 5-26 所示。

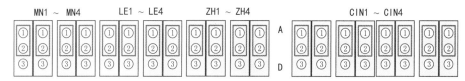

图 5-25 默认状态设置

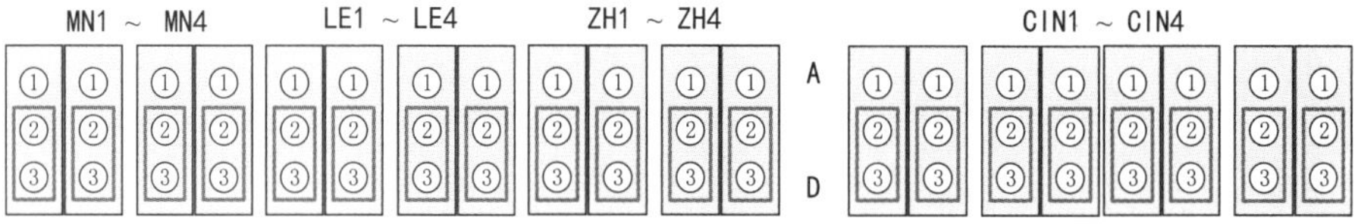

图 5-26 接入低速装置后的设置

测试端子：

测试端子用于测试环温电路、板温电路的输出。测试时，万用表的黑表笔接"地"端，红表笔接"待测"端。

LED 状态指示灯：

- 当前放板为主板且处于系统工作状态时，K0～K4 全亮。
- 当前放板为备板时，K0～K4 全灭。
- 磁 1~磁 4 显示磁钢放大电路输出，有磁钢信号输出时，相应的指示灯点亮。

 注意：前放板应检查 J1 设置是否正确，不可设为相同方式。当备板 K0~K4 全亮时，说明系统已将备板作为工作板使用，应检查主板是否有故障。

探测箱

THDS 系统使用的探测箱是一种适用于双探头的具有防雪、防雨、防尘、防阳光辐射等功能的新型探测箱。探测箱安装于钢轨两侧，是红外探测系统必备的室外设备。

THDS 系列探测箱型号分为 A 型、B 型、C 型，根据现场需求可以选择其中相应型号设备进行安装。探测箱内航空插座及温度转换盒定义见第九部分信号定义。

 注意：THDS-C 型探测箱可以安装 4 个光子探头。

技术指标

兼容探头：光子探头、热敏探头。
保护门测温元件：PT1000 铂电阻，B 级。

温度转换盒：

- 2 路独立的转换电路，可以同时转换 2 路温度信号。
- 测温范围：−50 ~ 150 ℃。
- 输出信号：4 ~ 20 mA。
- 转换误差：±0.01 mA。

热靶总成：

- 最高温度：120 ℃(绝对温度)。
- 升温速率：1 ℃/1.8 ~ 2 s。
- 测温元件：PT1000 铂电阻，B 级。

THDS − A 型探测箱

THDS − A 型探测箱箱体材质采用 AES 增强塑料，电机的型号为 XxCT38M − 60。探测箱外观尺寸：432 mm × 365 mm × 238 mm(长 × 宽 × 高)，具体外观如图 5-27 所示。

图 5-27　THDS − A 型探测箱

THDS－A 型探测箱上箱体

THDS－A 型探头箱上箱体结构如图 5-28 所示。

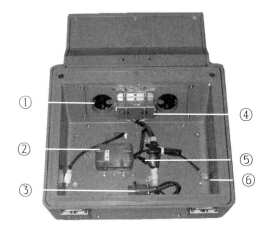

图 5-28　THDS－A 型探测箱上箱体结构图

① 保护门及板温
② 板温转换盒
③ 上箱体航空插座
④ 保护门电机
⑤ 热敏元温切换电源
⑥ 热敏元温航空插座

THDS－A 型探测箱下箱体结构如图 5-29 所示。

THDS－A 型探测箱下箱体

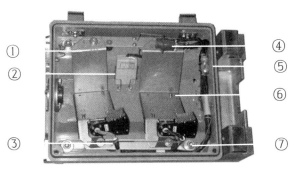

图 5-29　THDS－A 型探测箱下箱体结构图

① 外探托架　　　　　　② 靶温转换盒
③ 外探热靶总成　　　　④ 下箱体航空插座
⑤ 转换盒连接航空插座　⑥ 内探托架
⑦ 内探热靶总成

THDS－B 型探测箱

THDS－B 型探测箱箱体材质采用 SMC 玻璃钢,电机的型号为 40THR3S－1。探测箱外观尺寸：436 mm×441 mm×263 mm(长×宽×高),具体外观如图 5-30 所示。

图 5-30　THDS－B 型探测箱

THDS－B 型探测箱上箱体

THDS－B 型探测箱上箱体结构如图 5-31 所示。

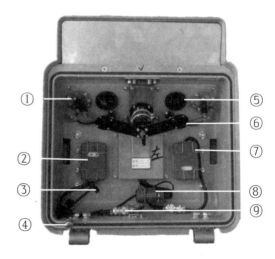

图 5-31　THDS－B 型探测箱上箱体

① 保护门电机　　　　② 板温转换盒
③ 热敏元温切换电源　④ 热敏元温航空插座
⑤ 保护门及热靶　　　⑥ 校零挡板及板温
⑦ 靶温转换盒　　　　⑧ 上箱体航空插座
⑨ 转换盒连接航空插座

THDS-B 型探测箱下箱体

THDS-B 型探测箱下箱体结构如图 5-32 所示。

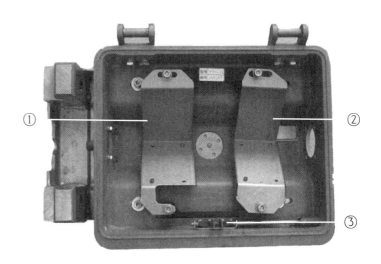

图 5-32　THDS-B 型探测箱下箱体结构图

① 内探托架　　　　② 外探托架
③ 箱体自锁机构

THDS-C（Ⅱ）型探测箱

THDS-C（Ⅱ）型探测箱箱体材质采用 SMC 玻璃钢，电机的型号为 40THR3S-1。探测箱外形尺寸：436 mm×441 mm×263 mm(长×宽×高)，具体外观如图 5-33 所示。

图 5-33　THDS-C（Ⅱ）型探测箱

THDS-C（Ⅱ）型探测箱上箱体

THDS-C（Ⅱ）型探测箱上箱体结构如图 5-34 所示。

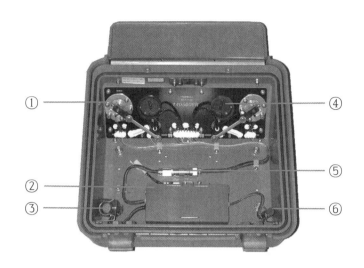

图 5-34　THDS−C（Ⅱ）型探测箱上箱体结构图

① 保护门电机　　② 温度转换盒
③ 上箱体航空插座　　④ 保护门及热靶
⑤ 温度转换盒航空插座　　⑥ 下箱体航空插座

THDS−C（Ⅱ）型探测箱下箱体结构如图 5-35 所示。

THDS−C（Ⅱ）型探测箱下箱体

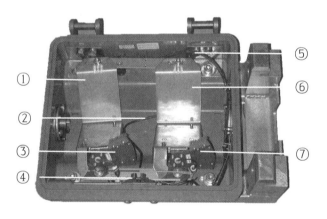

图 5-35　THDS−C（Ⅱ）型探测箱下箱体结构图

① 外探托架　　② 热敏元温航空插座
③ 外探挡板　　④ 箱体自锁机构
⑤ 下箱体航空插座　　⑥ 内探托架
⑦ 内探挡板

THDS−C（Ⅲ）型探测箱

THDS−C（Ⅲ）型探测箱箱体材质采用 SMC 玻璃钢，保护门电机的型号为 48PHX90B，挡板电机型号为 SXCT38BL。探测箱外形尺寸：447 mm× 365 mm×257 mm（长×宽×高），具体外观如图 5-36 所示。

图 5-36 THDS－C（Ⅲ）型探测箱

THDS－C（Ⅲ）型探测箱上箱体

THDS－C（Ⅲ）型探测箱上箱体结构如图 5-37 所示。

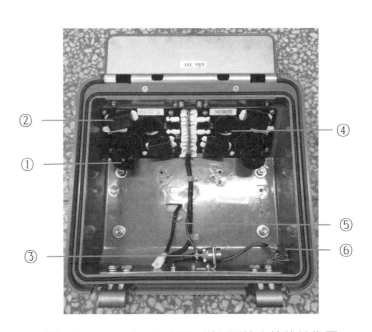

图 5-37 THDS－C（Ⅲ）型探测箱上箱体结构图

① 保护门电机　　　　　② 温度转换盒
③ 上箱体航空插座　　　④ 保护门及热靶
⑤ 溶雪加热插头、电缆　⑥ 下箱体航空插座

THDS－C（Ⅲ）型探测箱下箱体

THDS－C（Ⅲ）型探测箱下箱体结构如图 5-38 所示。

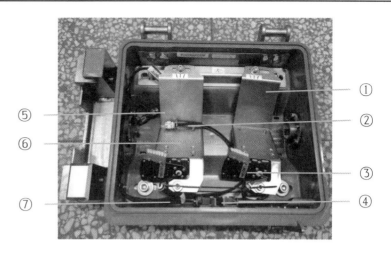

图 5-38 THDS-C（Ⅲ）型探测箱下箱体结构图

① 外探托架　　　　② 热敏元温航空插座
③ 外探挡板　　　　④ 箱体自锁机构
⑤ 下箱体航空插座　⑥ 内探托架
⑦ 内探挡板

轴温传感器

轴温传感器是一种非接触式轴温-电压换能器，它可以将运行列车轴承的温度以电压的形式反映出来。轴温传感器的换能元件有各种类型，目前广泛使用的是半导体元件碲镉汞（HgCdTe），此外，还有少部分使用热敏电阻。与轴温传感器相结合的放大器分为交流和直流两种形式。采用交流放大器的轴温传感器称为交流探头，采用直流放大器的轴温传感器称为直流探头。无论何种探头，只要轴温-电压的关系是已知的，并能推算出温度的绝对值，这类探头就称为定量探头。

直流热敏探头

热敏探头是一种直流探头，具有统一的背景，可以实现定量测温。热敏探头的组成主要包括光学系统、热敏电阻、直流放大器、跟踪电源和自稳零电路。当没有列车通过时，热敏探头相对挡板进行自稳零校正，消除热敏元件及放大器的漂移。当列车压到开机磁钢时，热敏探头首先结束自稳零校正，然后打开保护门，再进行车辆轴承红外辐射的探测。

热敏探头的外观如图 5-39 所示。

热敏探头航空插座定义详见第九部分信号定义。

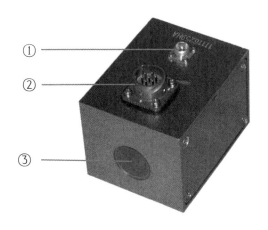

图 5-39 热敏探头

① 热敏元温航空插座　　　　② 探头信号航空插座
③ 光学镜片

技术指标

- 静态灵敏度：50 mV/℃（室温下，温升 30 ℃时）。
- 系统静噪声：≤30 mV。
- 信噪比：＞15 dB。
- 零点漂移：≤100 mV。
- 适应车速：0～160 km/h。
- 适应工作温度：-45～80 ℃。
- 输出阻抗：＜200 Ω。
- 放大倍数：700。
- 平均无故障时间：＞2 000 h。
- 故障恢复时间：＜3 min。

功能原理

当热敏元件接收到外界物体释放的辐射能量时，其自身温度将发生变化，接着导致自身电阻的变化，另外一个平衡电阻由于被遮盖，输出端失去原平衡而产生电压信号输出。任何高于绝对零度的物体都会向低于其温度的外部介质进行红外热辐射。测温的工作原理如图 5-40 所示。

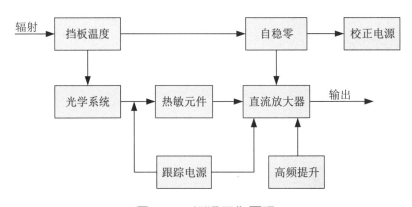

图 5-40 测温工作原理

前置放大器

热敏探头的前置放大器共分三级，放大电路的原理如图 5-41 所示。第一级放大器为阻抗匹配与高频提升级，故选用高输入阻抗、低漂、低噪声的结型场效应管输入级的运算放大器。由于第一级放大器与热敏元件是直接耦合的，故第一级放大器的放大倍数不允许太高，以防放大器饱和失真，一般选放大倍数 A_1 超过 10 倍。由于热敏元件本身性能，决定了在 5~160 km/h 的车速范围内，探测高速列车时，热敏元件输出将出现速度衰减。为降低车速变化对输出的影响，保证红外轴温探头的精确度，故在第一级放大器对高频信号进行了补偿。实际上，使放大器为非线性放大器，以补偿热敏元件的高频衰减。同时，使滚动波形更接近方波，以保证滚滑判别的可靠性。

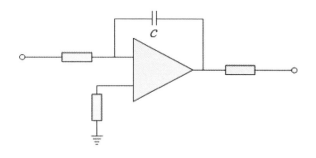

图 5-41　放大电路的原理

第二级放大器为自稳零控制与放大级，放大倍数 $A_2 \approx 30$ 倍。自稳零控制是通过电容保持器来实现的。在正常情况下，无通过列车的轴箱温度信号时，第一级放大器的输出 V_s 应为零，但由于偏置电压及热敏电阻的差异、放大器漂移等原因，常常使 V_s 不为零，而且 V_s 值随着时间、温度等参数不断变化，从而导致探头输出 V_0 的变化，故无法保证定量测量。为解决这个问题，须采用自稳零直流放大器。

在无列车通过时，红外探头的保护门关闭，校零继电器吸合，系统对保护门校零。校零时，如果第二级放大器输出 V_2 不为零，则通过积分放大器给电容 C 充电，提高第二级放大器正端电压，通过差动，直至 V_2 调整为零。即在自稳零过程中，第二级放大器一直处于自我调整状态，直至 V_2 为零。来车时，校零继电器断开，由积分放大器中的电容 C 来保持自稳零电压，通过与输入信号差动，以消除元件漂移等原因对输出的影响，保证红外探头的精确。

第三级放大器提供 1 V 上浮电压，放大倍数 $A_3 \approx 2$ 倍。

跟踪偏置电源

偏置电源的精度与稳定度直接影响定量探测性能。老型号产品中的高稳定度偏置电源与正负电源无关，各自保证自己的精确度。这样，在电源中单路出现小的干扰或偏移时，热敏元件将有偏移信号产生，影响定量探头的输出。为解决这个问题，采用了正负跟踪偏置电源。由于跟踪偏置电源所需电流很小，故利用运算放大器 A 构成反向器，对正负电源进行跟踪。图 5-42 中（跟踪偏置电源原理图），R_{H1}、R_{H2} 为热敏电阻，当 V_+ 发生变化 ΔV_+ 时，则有负电源 V 变化 ΔV。因 $V_+ = V$，则有 $V_+ + \Delta V_+ = V + \Delta V$。可见电源发生变化前后，热敏电阻输出电位仍保持不变，达到了跟踪稳压的目的，减小了电源变化对红外探头输出的影响。

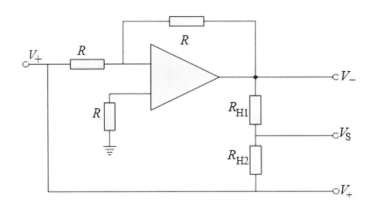

图 5-42　跟踪偏置电源原理图

直流光子探头

目前 THDS 系列铁道车辆轴温智能探测系统中使用的光子探头采用了最先进的半导体三级制冷式 HgCdTe 光子红外线测温元件，该元件具有响应率高、稳定度高、可靠性高等特点，是当前世界上最先进的红外线测温元件。

探头采用了低噪声直流放大电路，可以实现定量测温。由于放大电路采用了新型元件，使探头具有很低的飘移。探头采用先进的自适应温度标定方法，使探测器在不同的状态下都具有较高的测温精度。高速光子直流探测器作为新型红外线轴温监测系统的一次仪表，其适用车速可达 350 km/h 以上，测温精度不受车速影响，可以满足铁路不断提速的需要。

直流光子探头外观如图 5-43 所示。

直流光子探头航空插座定义详见第九部分信号定义。

图 5-43　直流光子探头

① 探头信号航空插座
② 光学镜片

技术指标	- 适用车速：5～350 km/h。
- 探头输出信噪比：有效值大于 25 dB（目标温差为 5 ℃时）。
- 静态输出电压：+1.000 V±0.02 V。
- 静噪声：≤10 mV（有效值）。
- 测温范围：-40～150℃。
- 视场：Φ40 mm（距离为 800 mm 时）。
- 漂移：150 mV/5 min。
- 响应时间：<2 μs。
- 供电电源：±17.8 V±0.2 V。
- 校零电压：5 V。
- 工作温度：-40～60 ℃。
信号输出与放大	光子器件单元的热电信号采用多路独立信号输出，以便提高有效信号的灵敏度与信噪比。多路高速并行采集系统把采集到的数据输出到工业控制计算机进行分析处理，实现温度预警与绘制扫描区域温度图像。信号输出与放大如图 5-44 所示。

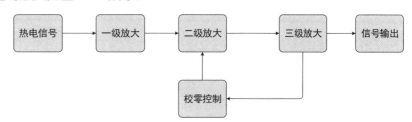

图 5-44　信号输出与放大

阶梯制冷技术	三级制冷保证了光子器件的正常工作，只有在一定的制冷深度，该器件才能具有一定的灵敏度，而环境温度决定制冷深度。本系统采用阶梯制冷技术，以保证适应更宽的环境温度，而稳定的制冷环境尤为重要，以保证信号输出的稳定性（图 5-45 体现恒温控制系统），三级制冷原理如图 5-45 所示。

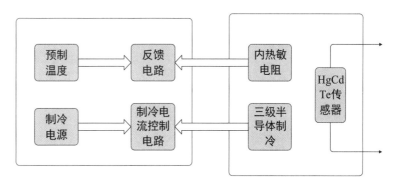

图 5-45　三级制冷原理

自适应系统	自适应系统完成了线阵列光子探头的环境适应和温度量化，由于器件和单元间的特性差异，对每个器件的每个单元自动生成特征曲线是非常重要的，自适应系统完成了器件单元差异的自动跟随，从而输出更加准确的绝对温度。

工控机

工控机是完成探测站控制、信号采集、数据处理、数据通信的主要计算机，要求具备高速数据采集和高速数据处理能力，具备大的工作存储和数据存储器。性能上满足单向双探 4 个探头、一套智能跟踪装置的控制和实时采集同时工作的要求。为实现轴温、磁头等信号的全信息采集，数据信息的高速处理提供了基础。

配置模式：1 块 AD 采集卡采集 4 个探头的模拟信号；1 块数字 I/O 卡采集和控制 1 个探测方向的数字 I/O 信号；单向双探时配置 1 块数字 I/O 卡和 1 块 AD 采集卡。

使用说明

内部 PCI 插槽说明

工控机内部 PCI 插槽如图 5-46 所示，按照设计要求需要不少于 4 根 PCI 插槽，可以分别安装 AD 采集卡、I/O 控制卡和多串口卡。

图 5-46　工控机内部 PCI 插槽

后面板说明

工控机后面板示意图如图 5-47 所示。

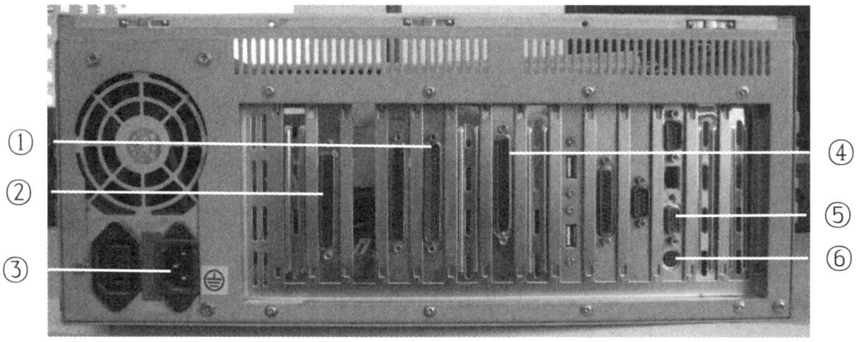

图 5-47　工控机后面板示意图

① I/O 控制卡插座　　　　② 多串口卡插座
③ 220 V 插座　　　　　　④ AD 卡插座
⑤ 显示器接口　　　　　　⑥ 鼠标键盘接口

AD 采集卡

AD 采集卡是基于 PCI 总线的数据采集卡，可直接插在 IBM‑PC/AT 或与之兼容的计算机内的任一 PCI 插槽中，支持 PCI2.2 协议，真正实现即插即用，PCI 提供的数据和地址奇偶校验功能，保证了数据的完整性和准确性。使用 FPGA 接口芯片设计，具有极高的保密性，可用于工业监控系统中的数据采集、波形分析和处理系统。

支持软件查询方式和中断方式，两种方式的传输率均可达到 400 kB。支持超前、滞后、定时、外部、阈值电平触发等多种触发方式，支持内外时钟。可以任意切换通道，不同通道不同增益。

技术指标	● 模拟通道输入数：32 路单端。 ● 模拟输入电压范围：±5 V、±10 V。 ● 模拟输入阻抗：100 MΩ。 ● 模拟输入共模电压范围：>±2 V。 ● 放大器建立时间：2 μs。 ● 放大器增益误差性：0.05%。 ● AD 分辨率：16 bit。 ● AD 采样通过率：400 kHz。 ● 线性误差：±1 LSB。 ● 转换时间：2.5 μs。 ● 系统测量精度：0.1%。 ● FIFO 存储器深度：8 kB Words。 ● 外形尺寸：173.33 mm(长)×109.85 mm(宽)×18.50 mm(高)。

注意：采用 PCI2006 型 AD 采集卡时需要设定输入电压范围为±10 V，需要将 J6 端子连接 1、2 两点。

I/O 控制卡	数字 I/O 卡性能要求：32 路出，32 路入，光电隔离。数字端口满足标准 TTL 电气特性。
技术指标	● 32 路光隔离开关量共阴输入。 ● 32 路光隔离开关量共阴输出。 ● 光隔离电压为 500 V，占空比 50%时，输入开关量频率最大值为 50 kHz，输出开关量频率最大值为 10 kHz。 ● 全部输出为达林顿输出，每通道可以提供最大 100 mA 的驱动能力。 ● 可驱动大功率继电器。 ● 外形尺寸：175.6 mm(长)×98.3 mm(宽)。
通信控制卡	配置 8 个串行接口，分别连接智能跟踪装置、控制箱通信接口、UPS 通信接口、远程通信 modem 等设备。
车号智能跟踪装置	红外轴温探测系统可以扩展加装车号,在现有轴温探测系统中增加RF箱、地面天线，可以实现车号信息的识别，使车号自动识别系统成功地应用于红外轴温探测领域。红外轴温探测系统具备了识别列车的车次和车号信息的功能，使热轴跟踪定位更加准确、方便。
技术指标	● 系统工作频点：910.10 MHz、912.10 MHz、914.10 MHz。 ● 系统识别精度：≥99.999 9%。
室外天线	● 工作方式：微波反射调制。 ● 适应车速：小于 160 km/h。

- 增　　益：≤9.6 dB。
- 驻 波 比：≤1.4。
- 阻　　抗：50 Ω。
- 工作方式：由一个天线和一根同轴电缆同时收发微波信号。
- 工作温度：-50～85℃。
- 承　　重：≥500 kg。
- 振动冲击：符合《GJB—150—86》标准。
- 半功率束宽：纵向120°，横向42°。
- 适应环境：雨、雪、盐雾、灰尘、油污、化学腐蚀、风沙等恶劣环境以及满足电磁兼容相关标准。

RF 射频装置

- 传输速率：10 kB／s 以上。
- RF 端口输出功率：≤1.6 W。
- 频率稳定度：≤±10 PPM(-40～70 ℃)。
- 谐波输出：≤-50 dB。
- 寄生输出：≤-60 dB。
- 工作电流：200 mA。
- 工作温度：-40～85℃。

工作原理

标签接收原理：设备收到信号打开 RF 模块的射频信号输出，通过天线照射安装在车底的标签，标签向天线发送经射频调制的数据，天线接收到该数据，经过 RF 模块解调，送到解码单元解码后传到主控单元，主控单元对该数据进行检查、纠错和记录。

最后主控单元通过通信单元将标签数据发送给标签数据处理设备进行处理。RF 射频装置的功能是产生微波信号和接收处理标签反射回的已调微波信号并解调出数据信息。当 RF 射频装置接收到读出主机下达的命令后，开启天线，通过天线向外界发射微波信号，同时接收天线返回的带有标签的数据信息的已调信号，经放大、滤波、解调后处理。

THDS 型车号

THDS 型车号智能跟踪装置有两个射频输出端口，可以同时安装两个天线，如用一个天线时，将天线接到 ANT1(天线 0)端口。车号智能跟踪装置与标签信号采集板卡之间的数据线、控制线和读出主机给车号智能跟踪装置供电的电源线连接在一个插座上，插头的配线在出厂时已经配好。车号前面板示意图如图 5-48 所示。

图 5-48　车号前面板示意图

车号后面板示意图如图 5-49 所示。

图 5-49　车号后面板示意图

标签信号采集板　　标签信号采集板接收来自 RF 射频装置的标签数据信号，进行处理，并形成 16 个字节的标签原始数据的功能。

标签经过天线时，标签信号采集板能够读出 FIFO 排队缓冲器——标签信号采集板内设置了 512×9 bit FIFO（先进先出）排队数据缓冲器，通过状态寄存器监测 FIFO 是否有数据进入或溢出，一个完整的标签数据占用 FIFO 中的 16 个字节，称作一帧，排队缓冲器中最多可以存放 32 帧。

AEI－T1 车号

前面板布局说明

AEI－T1 型智能跟踪装置前面板如图 5-50 所示。

图 5-50　AEI－T1 型智能跟踪装置前面板

AEI－T1 型智能跟踪装置的前面板左侧为显示窗口，数码管用来显示当前设备所处状态，对应状态见表 5-3。

表 5-3　数码管对应状态

数码管	状态
0	正常
1	板卡不齐全
2	微波单元功率异常
3	微波单元频率异常
4	微波单元驻波比异常
5	电源异常
6	程序运行故障

指示灯含义见表 5-4。

表 5-4 指示灯含义

指示灯	颜色	状态
电源	黄	上电亮
自检	绿	自检时亮
功放	红	开功放时亮
接收	绿	接收标签数据时闪亮
发送	绿	串口发送时闪亮

后面板说明

AEI-T1 型智能跟踪装置的后面板如图 5-51 所示。

图 5-51 AEI-T1 型智能跟踪装置的后面板示意图

AEI-T1 型智能跟踪装置的后面板从左到右分别为 RF 单元、主控单元、接口单元、电源检测单元、解码单元、网络单元和串口单元。

功能单元说明

RF 单元：RF 单元与射频天线连接，当有列车经过时，打开功放开关，辐射微波信号，并接收标签返回的信息，解调后送到基带部分解码。

主控单元：在处理器的控制下所有其他单元协同工作，实现设备的所有控制和检测功能。

接口单元：接口板主要实现 LED 指示驱动、微波检测数据的接收与处理、控制电路的接口等功能。

电源检测单元：电源检测单元的功能是检测系统各板卡所用电源的电压值，描述电源电压稳定程度及其跳变幅度，为用户提供监控系统电源工作情况的基本依据。

解码单元：解码单元使用可编程逻辑器件设计解码逻辑电路，可以对 RF 单元解调后输出的采用 FSK 或 FM0 编码方式编码的基带数据信号进行解码，并将解码后的数据通过总线接口输出给主控系统。

网络单元：网络单元为设备的通信单元，实现智能跟踪装置设备与外部网络间的正常通信。通过网络，后台计算机可以访问设备，实现对设备的远程监控、设置、程序升级更新等功能。

串口单元：串口单元为设备的通信单元，实现智能跟踪装置与外部设备的串口通信。COM 口为通信串口，通过配套的定制串口线连接 5T 设备通信端口。

第六部分 软件使用说明

探测站软件的设计运行环境最小配置如下：CPU 主频 3.0 GHz，内存 1 GB，硬盘 160 GB，主板具有至少 5 个 PCI 插槽，Windows XPE 操作系统。探测站软件由 3 个可执行文件、9 个动态链接库、2 个 XML 配置文件组成。

- RtExplorer.exe：探测站主应用程序，负责整个系统的数据采集处理工作。
- TrainData.exe：数据分析子程序，对探测站储存的过车数据进行详细的分析。
- HtkComm.exe：通信子程序，负责和通信上位机的通信工作。
- Transform.dll：主要功能是对过车数据进行分析处理，包含若干可调整的算法模块及列车轴距库，方便动态替换。
- Semsor.dll：主要实现针对光子探头和热敏探头的曲线使用及温度计算功能。
- Devices.dll：实现看门狗硬件驱动及新型 AD 卡和 I/O 卡的驱动功能。

主应用程序使用说明

探测站主应用程序界面主要分为四部分：实时状态、自检功能、光子曲线及黑体定标，还包括菜单功能及系统设置。

主应用程序的运行需要配置文件的支持，配置文件存贮了探测站硬件和软件环境的一些配置信息，主程序目录下的 MainConfig.XML 为其配置文件，主应用程序运行时如果发现配置文件不存在会自动使用默认配置信息。

实时状态

探测站主应用程序实时状态页面分为三部分：状态信息显示区、示波器显示区、过车和自检信息显示区，如图 6-1 所示。

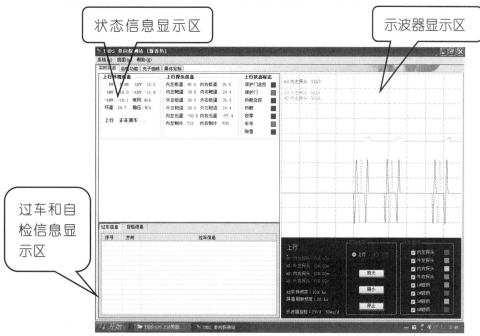

图 6-1　实时状态页面

状态信息显示区实时显示探测站的环境信息、探头信息和状态标志。

状态信息显示区

环境信息包括：电源（5 V、+12 V、−12 V、+18 V、−18 V），环温，UPS 信息（稳压、电网）。

探头信息包括：内外探头板温，内外热靶温度，内外探元件温度，内外探制冷电流。

以上信息约每 2 s 刷新一次，UPS 信息约每 5 min 刷新一次。绿色字体显示为正常，红色字体显示为异常（超过指标值）。每 20 min 查看状态是否变化，如果变化，保存自检信息报文到本地并上传到中心。

状态标志包括：保护门总控（开/关），保护门（开/关），热靶总控（开/关），热靶（开/关），校零（开/关），车号（开/关），除雪（启动/关闭），每 10 ms 刷新一次。状态标志只显示当前硬件状态，不可控制。

各数据指标正常范围见表 6-1。

表 6-1 指标正常范围

项目名称	项目指标
5 V	0.2 V
±12 V	±0.2 V
±18 V	±0.2 V
环温	−50 ~ 60 ℃
UPS 信息	210 ~ 230 V
板温	−50 ~ 150 ℃
靶温	−50 ~ 150 ℃
元件温度	−95 ~ −20 ℃
制冷电流	550 ~ 950 mV
热轮板温	−50 ~ 150 ℃

示波器显示区

示波器显示区共采集 8 路实时采样信号：4 路探头（内左、内右、外左、外右）和 4 路磁钢（1 号、2 号、3 号、4 号），根据采样频率每 10 ms 刷新一次，模拟示波器显示信号波形，通过按钮可以选择显示波形种类和上下行，用颜色区分 8 路通道。磁钢和探头信号的基线不同，以方便查看。

示波器屏幕分为 10*11 个小格，横坐标表示时间（ms），纵坐标为电压(V)，屏幕左上角实时显示每次采样的探头 AD 信号（mV），每次取对应通道的第一个点，可以点击"开始/停止"按钮控制采样波形的显示，通过点击"放大/缩小"按钮控制 X 轴显示范围，放大是将 X 轴范围扩大，每屏显示的波形增多，反之为缩小。

过车和自检信息显示区

过车和自检信息显示区显示过车简单信息及自检信息，如图 6-2 所示。

过车简单信息：在每次接车完毕后，显示简单的过车信息，包括存盘序号、方向、探测时间、车次、总辆数、总轴数、速度和环温。双击列表中某一条记录或者通过菜单均可打开数据分析程序查看过车的详细信息。

自检信息：显示设备自身自检故障及光子校曲线故障，包括时间、方向、故障信息等。

图 6-2　过车和自检信息显示区

自检功能

状态整体控制

自检功能页面包括两大部分：状态单独控制和状态整体控制。

状态整体控制：由七个按钮组成，分别完成七项功能，每项功能的检测结果红色表示异常，绿色表示正常，只需手动按钮控制启动，显示完结果后表示检测完毕，功能检测完毕后结果自动保存到本地并上传到中心，在控制状态栏里也会实时显示状态控制信息。如需终止正在进行的检测项目，可以切换页面或点击其他按钮。具体各项功能描述如下。

前放板自检

点击"前放板自检"按钮后，通过给指定的 13 路通道固定电压，对前放板本身进行检查，定时器每 2 s 发送 I/O 序号，读取对应通道的输出电压或温度，每检查一个通道都会将检测结果显示在自检结果列表中。具体检测参数指标见表 6-2，检查结果如图 6-3 所示。

表 6-2　前放板自检检测参数指标

项目名称	项目指标
4 路磁钢输出	>5 000 mV
4 路探头输出	5 000 mV ± 200 mV
4 路板温输出	24 ℃ ± 1 ℃
环温输出	−9.5 ℃ ± 0.5 ℃

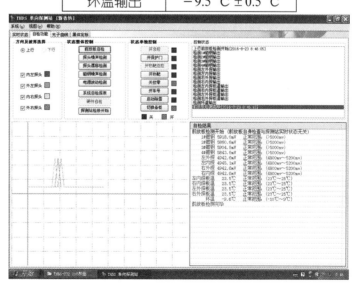

图 6-3　前放板自检的检测结果

探头噪声检测

点击"探头噪声检测"按钮后，直接从 4 路探头对应的通道取出 20 点的探头信号，转换为电压（mV）后，取峰-峰值得到结果。得到结果后将 20 点的采样值和检测结果一起显示在自检结果列表中，静态噪声正常指标为<150 mV，如图 6-4 所示。

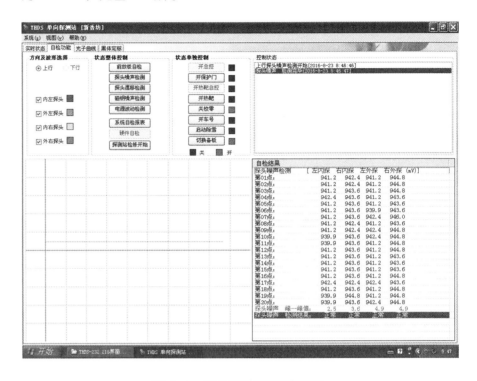

图 6-4　探头噪声检测的结果

探头漂移检测

点击"探头漂移检测"按钮后，系统自动关闭校零后，每隔 10 s 从 4 路探头对应通道中取点，每取一个点将采样值显示在列表中，共 30 个点，探头信号转换为电压（mV）后，取得偏移值结果。检测完毕后系统自动开校零，探头漂移检测共需要 5 min，如果在检测过程中过车或正在校曲线，程序会自动终止该项检测，并将状态恢复到初始状态，界面自动切换到实时状态页面，不会影响接车。探头漂移的正常指标为<150 mV，如图 6-5 所示。

磁钢噪声检测

点击"磁钢噪声检测"按钮后，直接从 4 路磁钢对应通道中取出 20 点的磁钢信号，转换为电压（mV）后，取峰-峰值得到结果。正常指标为<150 mV。20 点的采样值和检测结果会一起显示在自检结果列表中，如图 6-6 所示。

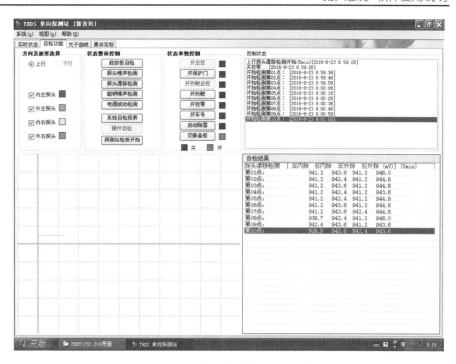

图 6-5 探头漂移检测的结果

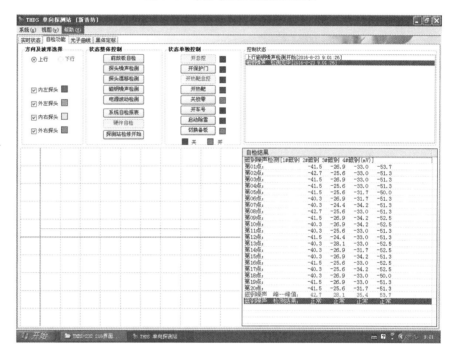

图 6-6 磁钢噪声检测的结果

电源波动检测

点击"电源波动检测"按钮后,直接从 5 路电源对应通道中取出 20 点的电源信号,转换为电压(V)后,取峰-峰值得到结果。正常指标为 ±0.2 V。20 点的采样值和检测结果会一起显示在自检结果列表中,如图 6-7 所示。

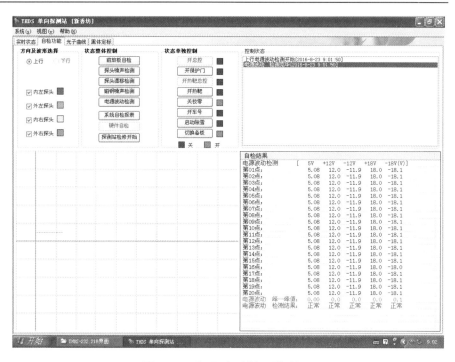

图 6-7　电源波动检测的结果

系统自检报表

点击"系统自检报表"按钮后，系统会自动检测前放板、探头噪声、探头漂移、磁钢噪声、电源波动，检测过程和这几项单独检测是完全一样，检测完毕后会弹出检测结果信息对话框，也可手动填写一些信息，最终生成检修电子台账，可选保存本地和上传，并可用专用软件进行信息查看，如图 6-8 和图 6-9 所示。

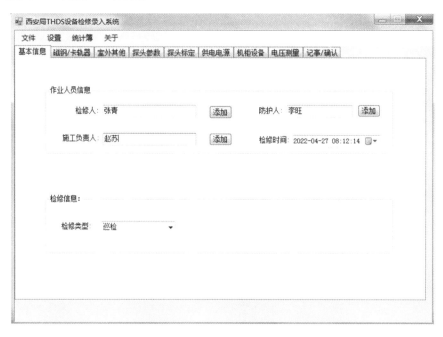

图 6-8　电子台账录入系统基本信息栏

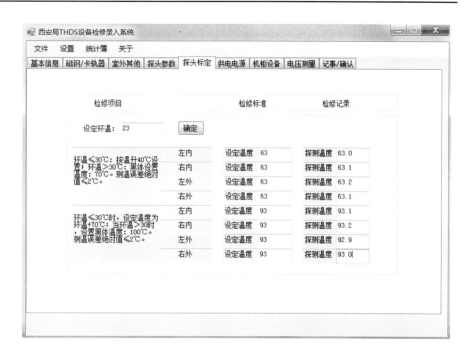

图 6-9　电子台账录入系统探头标定栏

探测站检修

点击"探测站检修开始/结束"按钮后，向中心发送探测站正在检修或检修完毕报文，用于设置探测站检修状态，如图 6-10 所示。

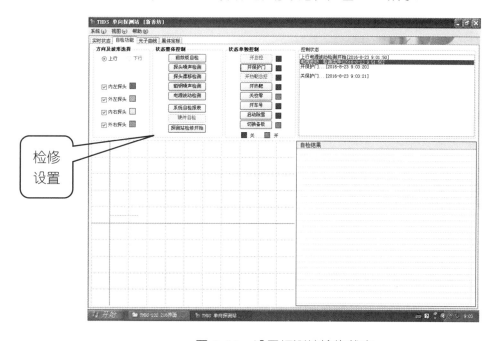

图 6-10　设置探测站检修状态

状态单独控制

状态单独控制包括：开/关总控、开/关保护门、开/关热靶总控、开/关热靶、开/关校零、开/关车号、启动/关闭除雪。通过按钮控制硬件开关，红灯表示关闭，绿灯表示打开，如图 6-11 所示。

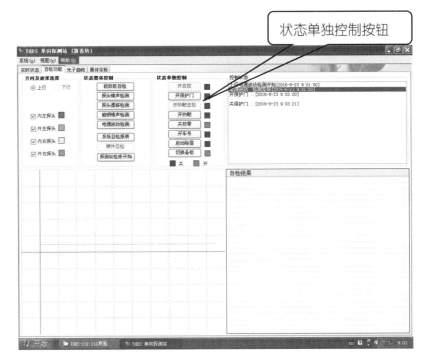

图 6-11　状态单独控制

如果正在进行功能检测过程中切换界面或过车，将自动停止检测。在控制状态栏中实时显示状态控制操作步骤。

光子曲线

光子曲线页面实现光子探头进行手动校曲线的功能，通过单选按钮可以选择上、下行，内、外探。点击"开始"按键，系统自动完成校曲线，完成时间约 150 s，如果校曲线过程中出现故障，会自动停止并提示故障类型。右侧区域提示目前系统存在的有效曲线数量，两个独立按钮可以分别删除对应位置的全部曲线，删除曲线后需要重新启动探测站程序，如图 6-12 所示。

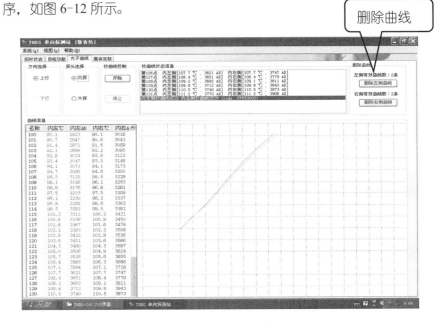

图 6-12　光子曲线页面

黑体定标

黑体定标可以选择上、下行位置进行标定，功能上分为自动和手动。只有在系统设置中配置黑体串口才可以开启黑体自动标定，同时需要自动黑体的支持，如图 6-13 所示。

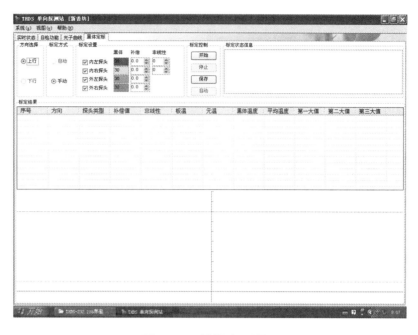

图 6-13 黑体定标页面

自动定标

自动定标黑体通过串口和主机连接，定标时每 3 s 读取黑体温度一次。自动定标选项时，可以选择标定探头的位置（内左、内右、外左、外右），或者四个探头同时标定，点击"开始"按钮后，首先写入黑体温度，然后每 3 s 向黑体发送查询报文，得到黑体温度后，判定黑体温度是否稳定，稳定的标准是连续三次黑体温度与设定的温度差都小于 0.2℃ 并且这三次黑体温度之差小于 0.1℃。系统在判定黑体稳定后，将当前箱温传给采集主线程，采集主线程开保护门，关校零，开始定标，定标过程中系统继续读取黑体温度，并在屏幕下方的画图区实时显示探头输出电压和黑体温度，横坐标表示时间，纵坐标表示温度。大概连续取 4～6 次黑体温度之后，系统在标定结果列表中显示定标结果。

手动定标

用户可以手动开始和停止定标，手动保存定标文件。

手动定标时，每次可以标定一个温度，可以选择标定探头的位置（内左、内右、外左、外右），或者四个探头同时定标。点击"开始"按钮后，系统将当前箱温传给采集主线程，采集主线程开保护门，关校零，开始定标。用户可以通过观察探头的输出电压进行判断是否停止定标，点击"停止"按钮后定标结束，会在标定结果列表中显示结果，显示内容包括定标序号、板温、元温、黑体设定温度、探头输出温度。可以手动保存定标结果，最多一次保存四个探头的定标结果，操作过程如图 6-14 所示。

定标过程中，黑体设定温度，探头输出电压一直都会显示在屏幕下方的波形区内，用户可以直观地看到黑体对探头输出产生的变化，手动和自动定标显示的结果完全一样。

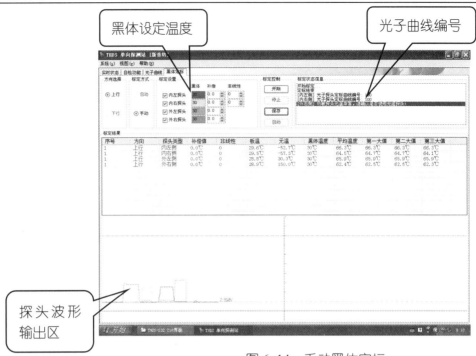

图 6-14　手动黑体定标

菜单功能

探测站主程序的系统菜单中包含的功能如下。

- 系统设置：针对探测站硬件及功能进行相应设置。
- 无线测试：主要用于手动测试无线发射机的工作状态。
- 数据分析：激活数据分析程序，对探测站数据进行详细分析。

探测站主程序的帮助菜单中包含的功能如下。

- 数据测试：打开某列已过列车的原始数据，按当前设置重新进行数据处理，形成新过列车。
- 复位测试：在系统设备中已正确选择工控机及系统类型后，可手动测试工控机硬件看门狗的工作状态，点击 30 s 后工控机自动重新启动。
- 管理员口令：正确输入管理员口令后，程序方可进行系统设置、数据测试、复位测试。
- 密码修改项：可进行管理员口令的修改。

系统设置

系统设置分为通用设置和探测站设置两部分。通用设置信息界面如图 6-15 所示，具体内容如下。

通用设置

- 探测站数：单向探测站设为 1，双向为 2。
- 探测站名称：设置本站名称。
- 探测站调试：设置探测站程序是否工作在调试状态。
- 数据文件存盘目录：设置过车文件的保存位置。
- 工控机类型：设置工控机及操作系统类型。
- 语言设置：选择程序界面语言为简体中文还是繁体中文。
- 光子自适应系统故障次数：累加到设定次数后将故障上传到中心。
- 数据传输通道数：探测站可以支持多点传输。
- 探测站在隧道内：如果设备安装在隧道内且误报保护门故障，可以开启此功能。

- 无线检修功能：开启后支持通过无线设备进行探测站检修。
- 无线发射和黑体参数设置：根据不同外围设备可以分别设置。
- UPS 参数设置：选择使用 APC 或者海洋 UPS 设备。

图 6-15　通用设置信息界面

探测站设置

探测站设置里根据探测站的安装方向分别设置上行或者下行的配置信息，方向设置界面如图 6-16 所示，具体内容如下。

- 探测站类型：内、外探位置可以分别选择使用光子探头或者热敏探头或者不安装探头。
- 车号类型：设置使用哈科所、远望或 T1 型车号，也可以不使用车号智能跟踪装置。
- 探头参数设置：主要根据探头的定标结果来修改，系统可以自动保存定标参数。
- 延时点参数设置：四个探头可以独立设置延时参数，根据轴承波形进行微调。
- 磁钢参数设置：主要根据磁钢特性进行软件的滤波调整，剔除磁钢干扰。

扩展信息设置：附加设备及功能的设置。

- 设置使用不同的探测箱体，可以选择 A、B、C 型探测箱体。

- 加装热轮探测装置：如果启用热轮探测装置，需要设置右侧的热轮探头补偿及热轮延迟点的参数。
- 加装低速装置：在安装低速装置的设备上才可以设置使用此功能。
- 探头镜片自动除尘：设备是否开启自动除尘功能。
- 自动调整制冷电流：如果开启此功能，探测站自检时发现制冷电流超限会自动调整。
- 启动速度延时补偿：启动后可通过设置"速度间隔"调整速度补偿值，使不同车速下轴温波形延时保持一致。
- 启用干簧管：启用后系统可通过干簧管传感状态辅助进行保护门故障判别。
- 预报低温车：启用后进行低温车故障预报，否则不预报。
- 存储 5 000 列：启动后探测站程序最多存储列车信息从 3 000 列扩展到 5 000 列。
- 加装温度校准装置：支持探测站加装防风沙温度补偿装置，启用后需进行串口中及补偿参数设置。
- 使用5路磁钢前放板：支持探测站使用5路磁钢信号前放板进行接车。

图 6-16　方向设置界面

 注意：请确认使用的探测箱体型号并进行正确设置，否则可能导致系统无法进行正常工作。

注意：自动调整制冷电流功能建议在过车不频繁的线路设备中开启。

警告：加装低速装置后需要对前放板进行跳线设置，否则将无法进行正常接车处理。

数据分析软件使用说明

探测站主机软件平台采用 WindowsXPE 操作系统。该模块主要完成数据分析的功能。分析工控机工作模块产生的数据，供用户分析使用。软件的主要功能为：实时过车数据显示分析、热靶数据显示分析、黑体数据显示分析、自检信息显示分析、原始波形曲线显示分析。

主界面功能

主界面如图 6-17 和图 6-18 所示，具有界面简洁、重点突出、操作方便、信息丰富的特点。

主界面标题栏：主界面标题栏显示软件模块的名称。

主界面功能分区

主界面菜单栏：主界面菜单栏按顺序显示文件菜单，包括选择存盘文件和退出软件菜单；工具菜单；帮助菜单，包括软件使用说明、软件版本信息等。

主界面左侧浮动窗口：选择菜单栏中选择过车数据将会弹出选择存盘文件浮动窗口，该窗口停靠在主界面左侧，如图 6-19 所示。

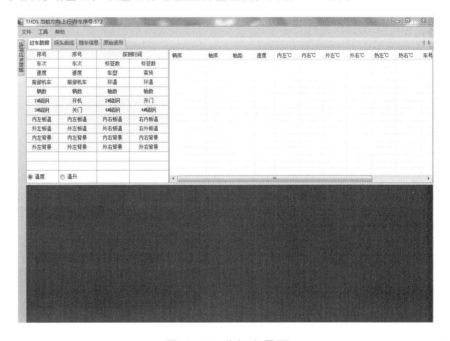

图 6-17　分析主界面

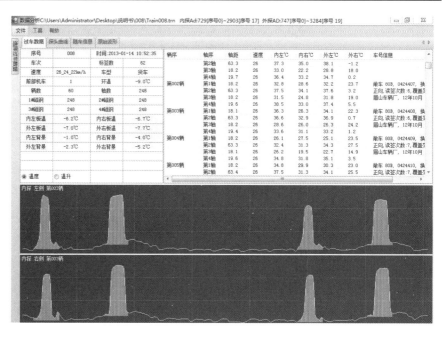

图 6-18　分析软件过车数据主界面

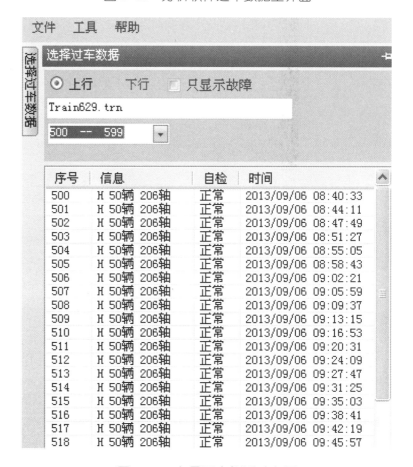

图 6-19　主界面左侧浮动窗口

过车数据

基本信息显示区

双击浮动窗口中的“选择过车数据”菜单项，则显示该列车数据显示区。列车信息显示区：该区域显示了探测时间、车次、客货、前部机车、环温、开关门次数、板温以及车辆每根轴的速度、车号等，如图 6-20 和图 6-21 所示。

选择过车数据

过车数据 | 探头曲线 | 随车信息 | 原始波形

序号	008	时间:2013-01-14 10:52:35	
车次		标签数	62
速度	26_24_22km/h	车型	货车
前部机车	1	环温	-9.0℃
辆数	60	轴数	248
1#磁钢	248	2#磁钢	248
3#磁钢	248	4#磁钢	248
内左板温	-6.2℃	内右板温	-6.7℃
外左板温	-7.0℃	外右板温	-7.7℃
内左背景	-1.0℃	内右背景	-4.0℃
外左背景	-2.3℃	外右背景	-5.2℃
◉ 温度	○ 温升		

图 6-20　列车基本信息显示区

辆序	轴序	轴距	速度	内左℃	内右℃	外左℃	外右℃	车号信息
	第2轴	63.3	26	37.3	35.0	38.1	-1.2	
	第3轴	18.2	26	33.0	22.2	28.8	18.0	
	第4轴	19.7	26	36.4	33.2	34.7	0.2	
第002辆	第1轴	18.2	26	32.8	28.6	32.2	23.7	敞车 80B, 0424407, 换
	第2轴	63.3	26	37.5	34.1	37.6	3.2	正向, 读签次数:6, 覆盖
	第3轴	18.2	26	31.5	24.8	31.8	19.0	眉山车辆厂, 12年10月
	第4轴	19.6	26	38.5	33.0	37.4	5.5	
第003辆	第1轴	18.1	26	36.3	26.3	34.1	22.3	敞车 80B, 0424408, 换
	第2轴	63.3	26	36.6	32.9	36.9	0.7	正向, 读签次数:6, 覆盖
	第3轴	18.2	26	28.6	26.0	26.3	24.2	眉山车辆厂, 12年10月
	第4轴	19.4	26	33.6	31.1	33.2	1.2	
第004辆	第1轴	18.2	26	26.1	27.5	25.1	23.5	敞车 80B, 0424409, 换
	第2轴	63.3	26	32.4	31.3	34.3	27.5	正向, 读签次数:7, 覆盖
	第3轴	18.1	26	26.2	19.5	22.7	14.9	眉山车辆厂, 12年10月
	第4轴	19.6	26	34.8	31.8	35.1	3.5	
第005辆	第1轴	18.2	26	34.8	29.9	30.3	23.0	敞车 80B, 0424410, 换
	第2轴	63.4	26	37.5	31.3	34.1	25.5	正向, 读签次数:7, 覆盖

图 6-21　列车过车信息显示区

全程采集辆波形区

当用户单击图 6-20 中右上方列车基本信息区中条目时，该区域将显示该次列车车辆波形，右键功能有：“显示内探波形”“显示外探波形”“正常比例显示”“放大显示(4 倍)”“线状显示 32 点区域”“点状显示 32 点区域”“显示原始 AD 波形”等，如图 6-22 所示。

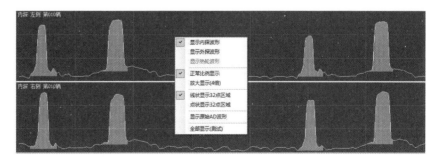

图 6-22　车辆波形显示区

探头曲线

当用户单击图 6-20 中上方"探头曲线"菜单时，该区域显示了该次列车使用曲线信息，包括曲线时间、元温、制冷电流等，如图 6-23 所示。

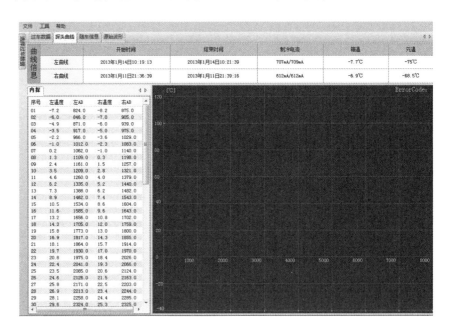

图 6-23 列车使用曲线信息区

随车信息

当用户单击图 6-20 中上方"随车信息"菜单时，该区域显示了过车前后的电压、热靶、元温等基本信息，还显示了故障信息以及本车辆的探头、磁钢、车号等配置信息，如图 6-24 所示。

图 6-24 随车信息区

在此界面可以清晰地了解到过车前后的电压变化、热靶信息变化、元件温度变化，并且能知道该探头采取的补偿系数和延时系数。

原始波形

当用户单击图 6-20 中上方"原始波形"菜单时，列车原始波形界面如图 6-25 所示，显示的内容是采集的列车原始数据。该界面具备的功能：车号显示控制、车号显示、轴位置显示等。

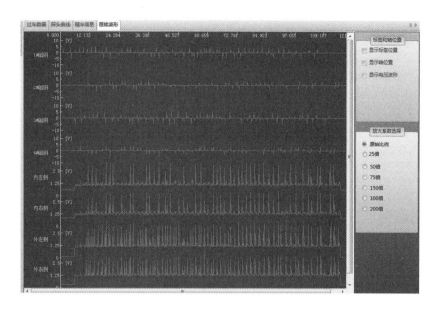

图 6-25 列车原始波形界面

标签和轴位置信息

当点击图 6-25 右边"显示标签位置"时，将会在 2 号磁钢曲线上标示标签的位置，如图 6-26 所示。

图 6-26 列车标签位置

当点击图 6-25 右边"显示轴位置"时，将会在 4 号磁钢曲线上标示轴位置序号，如图 6-27 所示，第一排数字代表辆序，第二排数字代表该辆的轴序号。

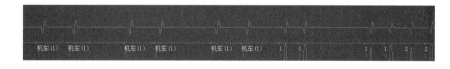

图 6-27 列车轴位置

缩放操作

图 6-25 右边"放大系统选择"的缩放操作是对 X 轴的缩放，可选倍数有 25 倍、50 倍、75 倍、100 倍、150 倍、200 倍，如图 6-28 所示。当点击相应倍数后将会按相应倍数对 X 轴进行缩放，使过车原始波形放大。

图 6-28　放大系数选择图

例如图 6-29 为放大 25 倍后的过车原始波形。

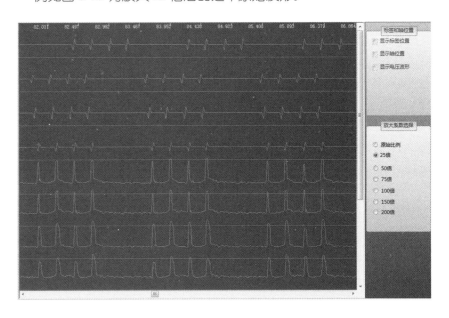

图 6-29　放大 25 倍后的过车原始波形

自检信息

自检信息分为实时自检数据、单项自检数据和黑体自检。可在分析软件的工具菜单中点击"查看状态信息",如图 6-30 所示。

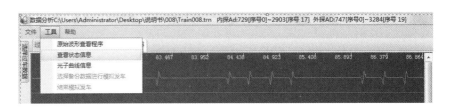

图 6-30　查看状态信息

实时自检数据

当发生故障时,系统将产生实时自检文件,把实时自检数据故障及恢复列表按时间顺序存盘,如图 6-31 所示。

图 6-31 自检数据故障及恢复列表

如需查看具体自检信息，只要按时间点击查看时间列表即可，如图 6-32 所示。

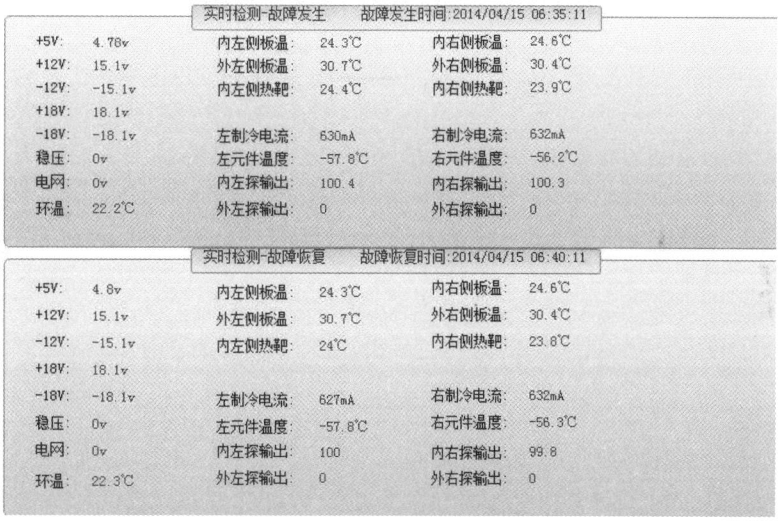

图 6-32 具体自检信息

单项自检　　单项自检是指人为手动自检某项数据，然后存盘，存盘是按照检测时间先后进行存盘的，每个存盘数据只有某一项数据，如图 6-33 所示。

单击所需要查询的单项自检目录对应的序号，就可以查看到该自检详细数据，如图 6-34 所示。

检修电子台账　　检修电子台账是由系统自检后自动填写和维修人员手动填写一些测量值组成的，电子台账需使用专用程序打开和查看，如图 6-35 所示。

图 6-33　单项自检目录

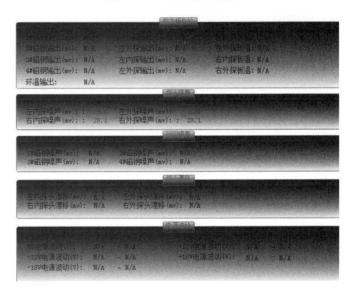

图 6-34　单项自检详细数据

图 6-35　检修电子台账录入系统

电子台账中包含多项的检测结果，检修内容可定制，如图 6-36 所示。

室外部分包括：磁钢、卡轨器、探测箱、环箱温、车号天线等。

室内部分包括：供电电源、电压测试、探头参数、探头标定、机柜设备等。

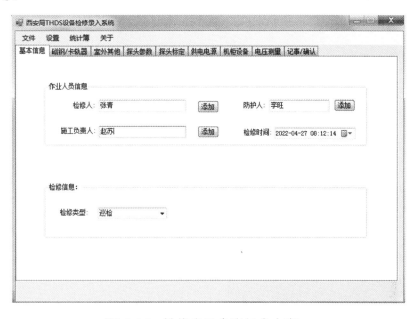

图 6-36 检修电子台账包含内容

黑体自检

黑体自检是黑体定标后的存盘数据，是按照存盘时间先后顺序进行存入列表的，如图 6-37 所示。

序号	文件名	时间
001	000.scale	2014/08/26 14:43:29
002	001.scale	2014/08/26 14:43:29
003	002.scale	2014/08/26 14:43:29
004	003.scale	2014/08/26 14:43:29
005	004.scale	2014/08/26 14:43:29
006	005.scale	2014/08/26 14:43:29
007	006.scale	2014/08/26 14:43:29
008	007.scale	2014/08/26 14:43:29
009	008.scale	2014/08/26 14:43:29
010	009.scale	2014/08/26 14:43:29
011	010.scale	2014/08/26 14:43:29
012	011.scale	2014/08/26 15:48:24
013	012.scale	2014/08/26 15:48:24
014	013.scale	2014/08/26 15:48:24
015	014.scale	2014/08/26 15:48:24
016	015.scale	2014/08/26 15:48:24
017	016.scale	2014/08/26 15:48:24
018	017.scale	2014/08/26 15:48:24
019	018.scale	2014/08/26 15:48:24
020	019.scale	2014/08/26 15:48:24
021	020.scale	2014/08/26 15:48:24
022	021.scale	2014/08/26 15:48:24
023	022.scale	2014/08/26 15:48:24
024	023.scale	2014/08/26 15:48:24
025	024.scale	2014/08/26 15:48:24

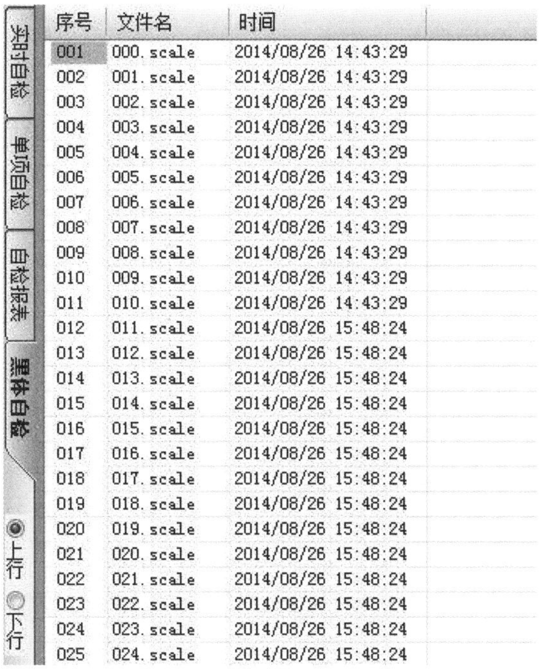

图 6-37 黑体自检目录

如果需要查看历史的定标数据,可根据定标时间进行查询,只需要点击所需要查询的时间即可,就可以看到该次的定标结果,如图 6-38 所示。

序号	站号	探头方向	补偿	箱温	黑体	均温	第一大值	第二大值	第三大值
1	1041	外左	0.0	17.7	50.0	44.8	50.8	49.8	49.7
2	1041	内左	4.0	17.2	50.0	49.5	49.7	49.6	49.5
3	1041	内右	4.0	16.3	50.0	48.9	49.1	49.0	48.9
4	1041	外右	0.0	15.3	50.0	43.2	46.6	46.5	46.4

图 6-38 定标结果

第七部分 故障诊断及处理

THDS 铁道车辆轴温智能探测系统的设备故障是指探测系统硬件和软件发生故障时可能对正常探测列车轴温造成影响。按照铁路总公司的要求,部分设备故障需要通过三级联网传送给铁路总公司。

本部分主要阐述设备故障可能的产生原因以及给出设备故障在系统内部的判断方法及处理手段。

故障类型

磁钢类

开机磁钢异常

产生原因:

开机磁钢、接口电路故障,磁钢断线,卡具松动,磁钢脱落。

判断方法:

- 开机磁钢计数等于 0。
- 开机磁钢计数与(2 号、3 号、4 号)最大值数差值大于 30 次。

磁钢计数不相等

产生原因:

磁钢松动、外界电磁信号干扰、车辆底部有金属物悬挂误触发磁钢信号、列车经过磁钢时由于调速产生涌动。

判别方法:

车辆测速、计轴计辆异常且 2 号、3 号、4 号磁钢计数结果不相等。

 注意:当最低车速小于 3 km/h 时,不产生该故障。

2 号~4 号磁钢无输出

产生原因:

磁钢、安装或接口电路故障、断线,卡具松动,磁钢脱落等。

判断方法:

2 号、3 号、4 号磁钢中有一个对应计数为 0。

探头类

探头噪声故障

产生原因:

探头电源 ±20 V 噪声大、探头故障、系统接地不良、屏蔽电缆绝缘不好等。

判断方法:

典型波形为多尖峰波形,波形超过 8 个拐点。

探头校零故障

产生原因:

探头电源 ±18 V 故障、校零电源 5 V 故障、探头故障等。

判断方法:在校零状态下,实时检测探头校零 1 V 输出,范围超过 ±0.3 V。

探头输出幅值低	产生原因：	
	探头电源±18 V 故障、校零电源 5 V 故障、探头故障等。	
	判断方法：	

- 典型波形 AD 均值<200。
- 最大值波形 AD 小于第一点 AD 加 50。

环、板温类
环、板温故障

产生原因：

传感器铂电阻故障、铂电阻电流盒故障、前放板故障等。

判断方法：

- 环温低于 −45 ℃，高于 55 ℃。
- 板温低于 −45 ℃，高于 75 ℃。

保护门类
保护门没开

产生原因：

电机故障、机械故障、30 V 电源故障等。

判断方法：

计算最大 AD 平均值与第一点 AD、保护门 AD、天空 AD 差的最大值。开门前 AD 和开门后 AD 差<24 时，上述最大值<64 且最大 AD<900，报保护门不开故障。最大值<80 且最大 AD<900，判断干簧管状态，报保护门不开故障。

保护门没关

产生原因：

电机故障、机械故障、30 V 电源故障等。

判断方法：

开门前 AD 和开门后 AD 差<24，且第一点 AD 值大于 1 150。

元件类
元件温度波动

产生原因：

探头电源±18 V 噪声大、探头故障、系统接地不良、屏蔽电缆绝缘不好等。

判断方法：

- 探头元件温度大于 0 ℃或者小于 −95 ℃。
- 过车前后元件温度变化大于 1.6 ℃且制冷电流变化大于 30 mA。

系统类
上电复位

产生原因：

通过人为操作重新启动探测站程序。

判断方法：

	程序正常退出后再重新启动。
异常复位	产生原因：
	人为关电重新启动探测站主机、探测站死机由看门狗启动主机、探测站掉电等。
	判断方法：
	程序异常退出后再重新启动。
磁钢干扰	产生原因：
	磁钢干扰。
	判断方法：
	当系统开机后没有成车，2号~4号磁钢计数中有2个磁钢计数为0时，且1号磁钢计数大于6或2号~4号磁钢计数和大于6时。
反向过车	产生原因：
	磁钢干扰、反向过车。
	判断方法：
	正常情况下反向过车系统会自动锁闭，但是反向过车时因为磁钢干扰造成系统误触发后没有成车，通过判别磁钢波形序列后判断反向过车。
电源类	
5V、±12V、±18V 电源故障	产生原因：
	电源箱故障、电网波动。
	判断方法：
	● 5 V 电源超出正常范围，应在 5 V±0.2 V 内。
	● 12 V 电源超出正常范围，应在 12 V±1 V 内。
	● 18 V 电源超出正常范围，应在 18 V±1V 内。
稳压故障	产生原因：
	UPS 不能正常稳压或 UPS 电池电量低。
	判断方法：
	在 UPS 工作的前提下，检测稳压输出超限。正常范围为 210~240 V。
电网故障	产生原因：
	电网掉电，市电故障。
	判断方法：
	在 UPS 工作的前提下，检测电网输入为 0 V。

光子自适应系统类

光子自适应系统类故障是在光子自适应系统启动校曲线过程中，由于环境或硬件故障导致校曲线失败后形成的系列故障。

热靶损伤故障

产生原因：

热靶总成故障。

判断方法：

热靶第一个点的温度小于等于 -45 ℃。

起始温度异常

产生原因：

环境温度较高、热靶故障。

判断方法：

板温和热靶第一个点的温度差大于 12 ℃。

探头输出异常

产生原因：

探头故障、热靶总成故障。

判断方法：

- 连续 5 次采样时热靶温度上升的同时探头输出电压没有上升。
- 光子曲线第一点和最后一点的探头输出 AD 差小于 1 000。

热靶输出异常

产生原因：

热靶总成故障、加热控制板故障。

判断方法：

连续 5 次采样时热靶温度没有上升。

热靶加热过快

产生原因：

探头故障、热靶总成故障、加热控制板故障。

判断方法：

- 连续 2 个有效值探头输出 AD 差大于 200。
- 连续 2 个有效值热靶输出温度差大于 3.5 ℃。

曲线斜率异常

产生原因：

探头故障、热靶总成故障、加热控制板故障、制冷控制板故障。

判断方法：

- 曲线第 60 点与第 5 点计算斜率，AD/WD<10 或>70。
- 新生成曲线和历史曲线比较，曲线斜率偏差大于 15。
- 曲线不光滑，曲线连续两点之间斜率突变或出现 4 点抖动。

热靶加热不足

产生原因：

热靶故障。

判断方法：

曲线第一点和最后一点的温度差小于 35 ℃。

探头输出溢出

产生原因：

探头故障。

判断方法：

曲线最后一点的探头输出 AD 值大于 8 100。

故障判别

磁钢类

磁钢类故障检测流程如图 7-1 所示。

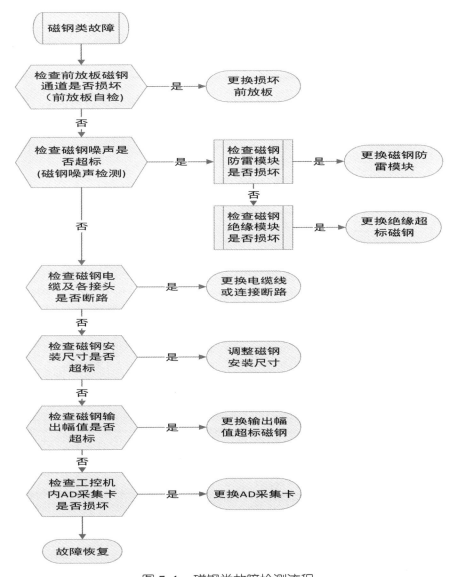

图 7-1　磁钢类故障检测流程

环、板温类

环、板温类故障检测流程如图 7-2 所示。

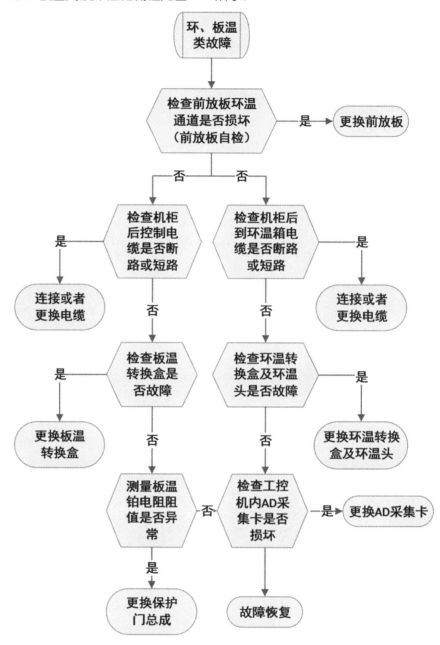

图 7-2　环、板温类故障检测流程

保护门类

保护门类故障检测流程如图 7-3 所示。

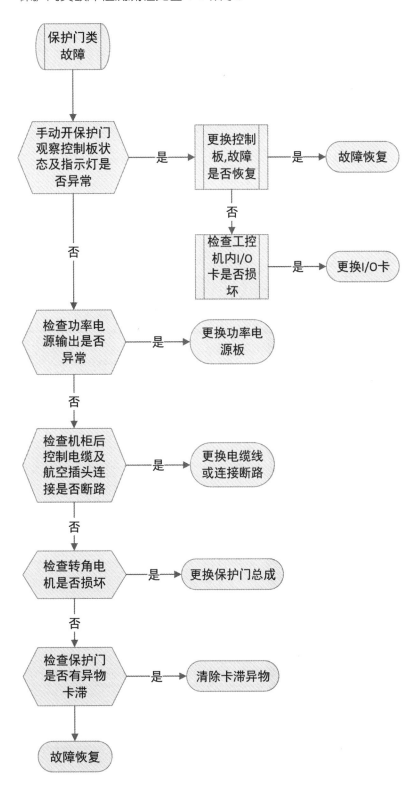

图 7-3 保护门类故障检测流程

电源类

电源类故障检测流程如图 7-4 所示。

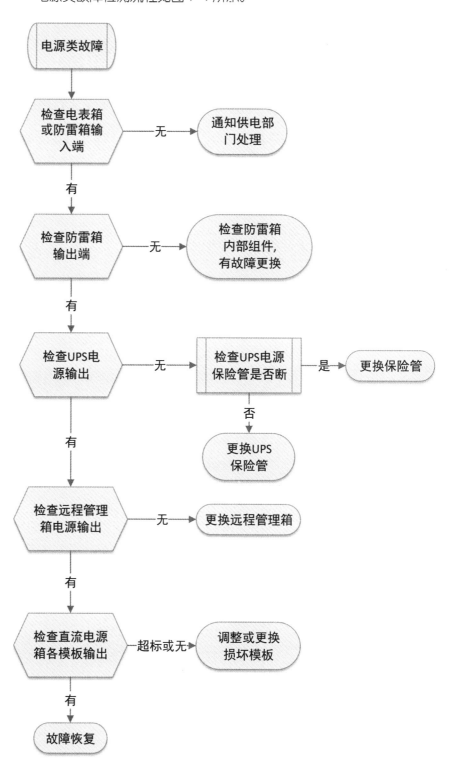

图 7-4　电源类故障检测流程

通信类

通信类故障检测流程如图 7-5 所示。

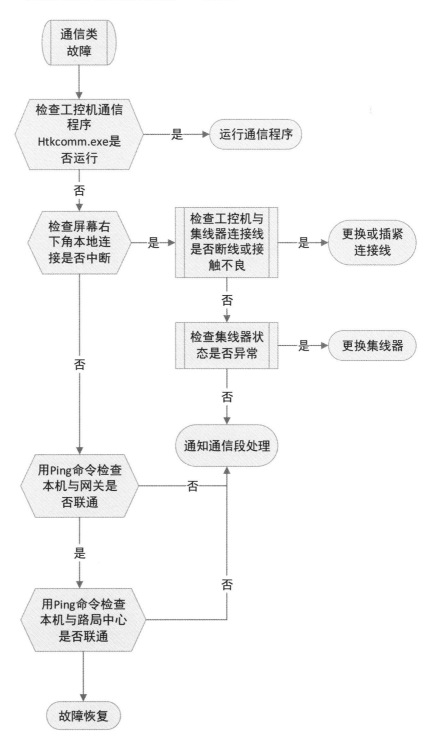

图 7-5 通信类故障检测流程

光子探头自适应系统类

光子探头自适应系统类故障检测流程如图 7-6 所示。

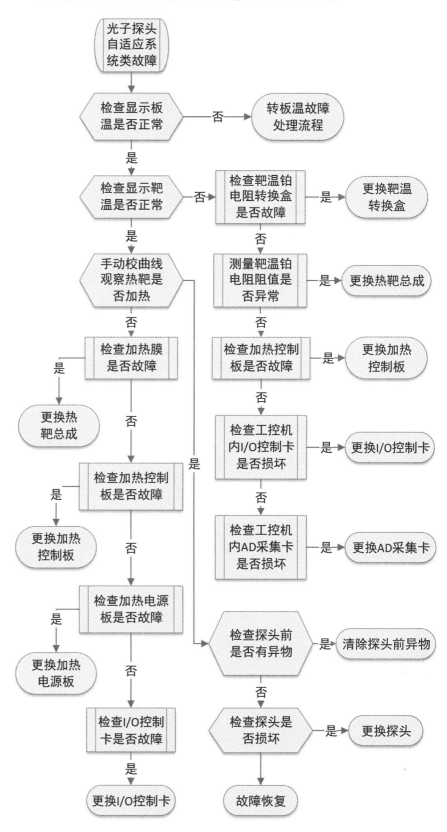

图 7-6　光子探头自适应系统类故障检测流程

探头输出异常

探头输出异常故障检测流程如图 7-7 所示。

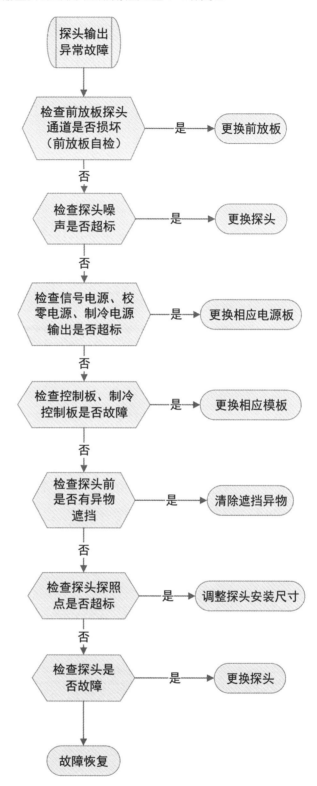

图 7-7 探头输出异常故障检测流程

车号信息丢失

车号信息丢失故障检测流程如图 7-8 所示。

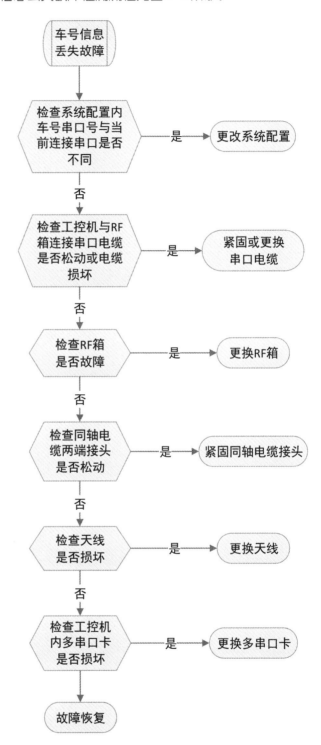

图 7-8 车号信息丢失故障检测流程

第八部分 信号流程

电源信号流程

7 V 电源信号流程

7 V 电源信号流程如图 8-1 所示。

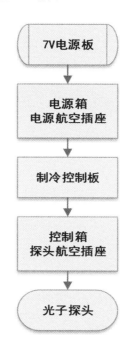

图 8-1　7 V 电源信号流程

15 V 电源信号流程

15 V 电源信号流程如图 8-2 所示。

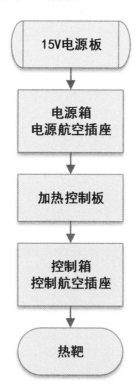

图 8-2　15 V 电源信号流程

18 V 电源信号流程

18 V 电源信号流程如图 8-3 所示。

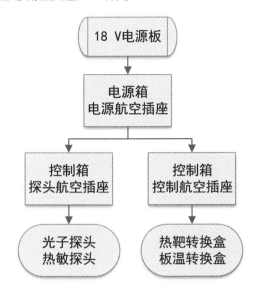

图 8-3　18 V 电源信号流程

30 V 电源信号流程

30 V 电源信号流程如图 8-4 所示。

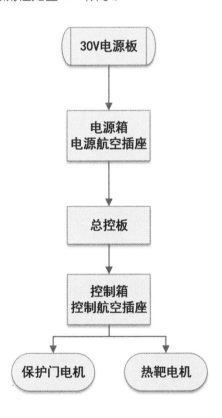

图 8-4　30 V 电源信号流程

室外信号流程

轴温信号流程

轴温信号流程如图 8-5 所示。

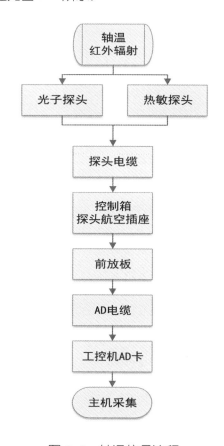

图 8-5　轴温信号流程

板温、靶温、热敏元温信号流程

板温、靶温、热敏元温信号流程如图 8-6 所示。

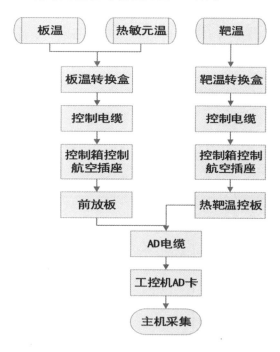

图 8-6　板温、靶温、热敏元温信号流程

光子元温、环温信号流程

光子元温、环温信号流程如图 8-7 所示。

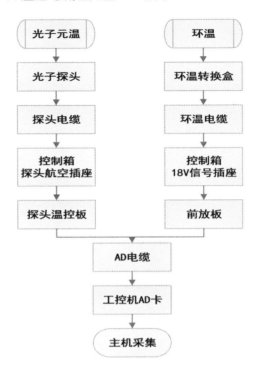

图 8-7　光子元温、环温信号流程

磁钢信号流程

磁钢信号流程如图 8-8 所示。

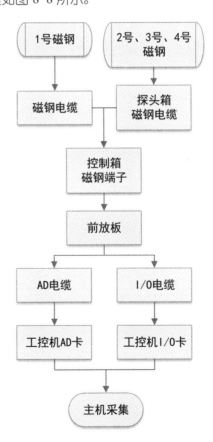

图 8-8　磁钢信号流程

第九部分 信号定义

A/B型电源箱 转接插座

A/B 型电源箱转接插座的信号定义见表 9-1。

表 9-1 A/B 型电源箱转接插座的信号定义

引脚编号	信号定义	引脚编号	信号定义
1	+30 V	13	校零 5 V
2	+30 V	14	校零地
3	−30 V	15	+12 V
4	−30 V	16	−12 V
5		17	±12 地
6	左制冷+	18	VCC 地
7	左制冷−	19	VCC
8	右制冷+	20	主 15 V
9	右制冷−	21	主 15 地
10	+18 V	22	辅 15 V
11	±18 地	23	辅 15 地
12	−18 V	24	VCC 地

注意：THDS−A/B 型电源箱转接插座 1 和转接插座 2 定义相同。

A/B型控制箱 电源插座

A/B 型控制箱电源插座的信号定义见表 9-2。

表 9-2 A/B 型控制箱电源插座的信号定义

引脚编号	信号定义	引脚编号	信号定义
1	+30 V	13	校零 5 V
2	+30 V	14	校零地
3	−30 V	15	+12 V
4	−30 V	16	−12 V
5		17	±12 地
6	左制冷+	18	VCC 地
7	左制冷−	19	VCC
8	右制冷+	20	主 15 V
9	右制冷−	21	主 15 地
10	+18 V	22	辅 15 V
11	±18 地	23	辅 15 地
12	−18 V	24	VCC 地

控制插座

A/B 型控制箱控制插座的信号定义见表 9-3。

表 9-3　A/B 型控制箱控制插座的信号定义

引脚编号	信号定义	引脚编号	信号定义
1	保护门+30 V	11	
2	保护门−30 V	12	
3	内门状态	13	外靶温度
4	外门状态	14	+18 V
5	屏蔽	15	热靶电机+30 V
6	内门温度	16	热靶电机−30 V
7	外门温度	17	外靶加热+
8	+18 V	18	内靶加热+
9	内靶温度	19	热靶加热地
10	屏蔽		

探头插座

A/B 型控制箱探头插座的信号定义见表 9-4。

表 9-4　A/B 型控制箱探头插座的信号定义

引脚编号	信号定义	引脚编号	信号定义
1	+18 V	11	内光子探
2	±18 地	12	信号地
3	−18 V	13	内光子元温
4	屏蔽	14	
5	校零 5 V	15	
6	校零地	16	
7		17	
8		18	制冷电源+
9		19	制冷电源−
10	外热敏探		

RS232 插座

A/B 型控制箱 RS232 插座的信号定义见表 9-5。

表 9-5　A/B 型控制箱 RS232 插座的信号定义

引脚编号	信号定义	引脚编号	信号定义
1	车号 I/O	4	预留
2	RXD	5	GND
3	TXD	6	车号 I/O 地

第九部分 信号定义

 注意：控制箱的两个 RS232 端口定义相同。

W1 端子

A/B 型控制箱 W1 端子的信号定义见表 9-6。

表 9-6 A/B 型控制箱 W1 端子的信号定义

引脚编号	信号定义	引脚编号	信号定义
1	右外制冷电流	17	左外探
2	左内制冷电流	18	左内探
3	左内元件温度	19	5号磁钢
4	右内制冷电流	20	3号磁钢
5	磁钢检测	21	1号磁钢
6	左外探靶温	22	左外元件温度
7	左内探靶温	23	左外制冷电流
8	VCC 检测	24	右内元件温度
9	+18 V 检测	27	右外探靶温
10	−12 V 检测	28	右内探靶温
11	+12 V 检测	30	−18 V 检测
12	右外探板温	35	左外探板温
13	右内探板温	40	环温
14	左内探板温	41	4号磁钢
15	右外探	42	2号磁钢
16	右内探	43	右外元件温度
		54~60	地

W2 端子

A/B 型控制箱 W2 端子的信号定义见表 9-7。

表 9-7　A/B 型控制箱 W2 端子的信号定义

引脚编号	信号定义	引脚编号	信号定义
1	1 号磁钢中断	23	加热控制 3
2	2 号磁钢中断	24	加热控制 4
3	3 号磁钢中断	25	制冷调整控制
4	4 号磁钢中断	26	制冷判别控制
5	5 号磁钢中断	27	制冷电流值控
6	左内门状态	28	保护门总控控制
7	右内门状态	29	保护门电机控制
8	左外门状态	30	热靶总控控制
9	右外门状态	31	热靶电机控制
10	IN 预留	32	校零控制
11	IN 预留	33	除雪控制
12	IN 预留	34	T485 预留
13	IN 预留	35	远望车号控制
14	IN 预留	36	热轮切换
15	检验控制 I/O1	37	热轮预留
16	检验控制 I/O2	38	热轮预留
17	检验控制 I/O3	39	热轮预留
18	检验控制 I/O4	40	OUT 预留
19	检验控制 I/O5	41	新疆无线控制
20	检验控制 I/O6	54~55	输入地
21	加热控制 1	56~60	输出地
22	加热控制 2		

W3 端子

A/B 型控制箱 W3 端子的信号定义见表 9-8。

表 9-8　A/B 型控制箱 W3 端子的信号定义

引脚编号	信号定义
5	热轮切换
6	热轮扩展
7	热轮扩展
8	热轮扩展
9	预留
10	新疆无线发射机

C型电源箱

控制箱电源插座

C型电源箱控制箱电源插座的信号定义见表9-9。

表9-9　C型电源箱控制箱电源插座的信号定义

引脚编号	信号定义	引脚编号	信号定义
1	VCC	17	−30 V
2	VCC	18	−30 V
3	VCC	19	主15 V
4	VCC地	20	主15 V
5	VCC地	21	主15地
6	VCC地	22	主15地
7	校零5 V	23	辅15 V
8	校零地	24	辅15地
9	+12 V	25	左内制冷7 V
10	±12地	26	左内制冷地
11	−12 V	27	左外制冷7 V
12	+18 V	28	左外制冷地
13	±18地	29	右内制冷7 V
14	−18 V	30	右内制冷地
15	+30 V	31	右外制冷7 V
16	+30 V	32	右外制冷地

通用电源插座

C型电源箱通用电源插座的信号定义见表9-10。

表9-10　C型电源箱通用电源插座的信号定义

引脚编号	信号定义	引脚编号	信号定义
1	+30 V	13	校零5 V
2	+30 V	14	校零地
3	−30 V	15	+12 V
4	−30 V	16	−12 V
5		17	±12地
6	左制冷+	18	VCC地
7	左制冷−	19	VCC
8	右制冷+	20	主15 V
9	右制冷−	21	主15地
10	+18 V	22	辅15 V
11	±18地	23	辅15地
12	−18 V	24	VCC地

C型控制箱

电源插座

C 型控制箱电源插座的信号定义见表 9-11。

表 9-11　C 型控制箱电源插座的信号定义

引脚编号	信号定义	引脚编号	信号定义
1	VCC	17	－30 V
2	VCC	18	－30 V
3	VCC	19	主 15 V
4	VCC 地	20	主 15 V
5	VCC 地	21	主 15 地
6	VCC 地	22	主 15 地
7	校零 5 V	23	辅 15 V
8	校零地	24	辅 15 地
9	+12 V	25	左内制冷 7 V
10	±12 地	26	左内制冷地
11	－12 V	27	左外制冷 7 V
12	+18 V	28	左外制冷地
13	±18 地	29	右内制冷 7 V
14	－18 V	30	右内制冷地
15	+30 V	31	右外制冷 7 V
16	+30 V	32	右外制冷地

控制插座

C 型控制箱控制插座的信号定义见表 9-12。

表 9-12　C 型控制箱控制插座的信号定义

引脚编号	信号定义	引脚编号	信号定义
1	保护门+30 V	11	
2	保护门－30 V	12	
3	内门状态	13	外靶温度
4	外门状态	14	+18 V
5	屏蔽	15	热靶电机+30 V
6	内门温度	16	热靶电机－30 V
7	外门温度	17	外靶加热+
8	+18 V	18	内靶加热+
9	内靶温度	19	热靶加热地
10	屏蔽		

第九部分 信号定义

探头插座

C 型控制箱探头插座的信号定义见表 9-13。

表 9-13 C 型控制箱探头插座的信号定义

引脚编号	信号定义	引脚编号	信号定义
1	+18 V	11	内光子探
2	±18 地	12	信号地
3	−18 V	13	内光子元温
4	屏蔽	14	
5	校零 5 V	15	校零门控制+
6	校零地	16	
7	内校零门状态	17	校零门控制−
8	内校零门温度	18	制冷电源+
9		19	制冷电源−
10	外热敏探		

光子外探插座

C 型控制箱光子外探插座的信号定义见表 9-14。

表 9-14 C 型控制箱光子外探插座的信号定义

引脚编号	信号定义	引脚编号	信号定义
1	+18 V	11	外光子探
2	±18 地	12	信号地
3	−18 V	13	外光子元温
4	屏蔽	14	
5	校零 5 V	15	校零门控制+
6	校零地	16	
7	外校零门状态	17	校零门控制−
8	外校零门温度	18	制冷电源+
9		19	制冷电源−
10			

注意：THDS−C 型控制箱的 DB 插座 W1、W2、W3、RS232 的定义请参照 THDS−A/B 型控制箱 W1、W2、W3、RS232 定义。

工控机
AD 卡端子

工控机 AD 卡端子的信号定义见表 9-15。

表 9-15 工控机 AD 卡端子的信号定义

引脚编号	信号定义	引脚编号	信号定义
1	右外制冷电流	17	左外探
2	左内制冷电流	18	左内探
3	左内元件温度	19	5 号磁钢
4	右内制冷电流	20	3 号磁钢
5	磁钢检测	21	1 号磁钢
6	左外探靶温	22	左外元件温度
7	左内探靶温	23	左外制冷电流
8	VCC 检测	24	右内元件温度
9	+18 V 检测	27	右外探靶温
10	−12 V 检测	28	右内探靶温
11	+12 V 检测	30	−18 V 检测
12	右外探板温	35	左外探板温
13	右内探板温	40	环温
14	左内探板温	41	4 号磁钢
15	右外探	42	2 号磁钢
16	右内探	43	右外元件温度
		54~60	地

I/O 卡端子

工控机 I/O 卡端子的信号定义见表 9-16。

表 9-16 工控机 I/O 卡端子的信号定义

引脚编号（孔）	信号定义	引脚编号（针）	信号定义
1-11	1 号磁钢中断	2-1	加热控制 1
1-30	2 号磁钢中断	2-20	加热控制 2
1-12	3 号磁钢中断	2-2	加热控制 3
1-31	4 号磁钢中断	2-21	加热控制 4
1-13	5 号磁钢中断	2-3	制冷调整控制
1-32	左内门状态	2-22	制冷判别控制
1-14	右内门状态	2-4	制冷电流值控制
1-33	左外门状态	2-23	T485 预留
1-15	右外门状态	2-5	远望车号控制
1-34	IN 预留	2-24	热轮切换
1-16	IN 预留	2-6	热轮扩展
1-35	IN 预留	2-25	热轮扩展
1-17	IN 预留	2-7	热轮扩展
1-34	IN 预留	2-26	OUT 预留
1-1	检验控制 1	2-8	新疆无线控制
1-20	检验控制 2	2-28	地
1-2	检验控制 3		
1-21	检验控制 4		
1-3	检验控制 5		
1-22	主板控制		
1-4	保护门总控控制		
1-23	保门电机控制		
1-5	热靶总控控制		
1-24	热靶电机控制		
1-6	校零控制		
1-25	除雪控制		
1-19	地		

A型探测箱

上箱体航空插座

A型探测箱上箱体航空插座的信号定义见表9-17。

表9-17　A型探测箱上箱体航空插座的信号定义

引脚编号	信号定义
1	内保护门状态
2	外保护门状态
3	转换电源+18 V
4	内保护门温度 I
5	外保护门温度 I
6	保护门+30 V
7	保护门－30 V

下箱体航空插座

A型探测箱下箱体航空插座的信号定义见表9-18。

表9-18　A型探测箱下箱体航空插座的信号定义

引脚编号	信号定义	引脚编号	信号定义
1	转换电源+18 V	8	热靶电机－30 V
2	内热靶温度 I	9	外热靶加热+
3	外热靶温度 I	10	外热靶加热+
4		11	内热靶加热+
5	热靶电机+30 V	12	内热靶加热+
6	热靶电机+30 V	13	热靶加热地
7	热靶电机－30 V	14	热靶加热地

板温转换盒航空插座

A型探测箱板温转换盒航空插座的信号定义见表9-19。

表9-19　A型探测箱板温转换盒航空插座的信号定义

引脚编号	信号定义	引脚编号	信号定义
1	转换电源+18 V	2P-1	保护门+30 V
2	内保护门温度 I	2P-2	保护门－30 V
3	外保护门温度 I		
4	内保护门温度 R_1		
5	内保护门温度 R_2		
6	外保护门温度 R_1	3TK-1	外热敏元温 R_1
7	外保护门温度 R_2	3TK-2	外热敏元温 R_2

注意：板温转换盒航空插座安装在上箱体内负责保护门板温和热敏元温转换。

靶温转换盒航空插座

A 型探测箱靶温转换盒航空插座的信号定义见表 9-20。

表 9-20　A 型探测箱靶温转换盒航空插座的信号定义

引脚编号	信号定义
1	转换电源+18 V
2	内温度 I
3	外热靶温度 I
4	内热靶温度 R_1
5	内热靶温度 R_2
6	外热靶温度 R_1
7	外热靶温度 R_2

注意：靶温转换盒航空插座安装在下箱体内负责热靶温度转换。

B型探测箱上箱体航空插座

B 型探测箱上箱体航空插座的信号定义见表 9-21。

表 9-21　B 型探测箱上箱体航空插座的信号定义

引脚编号	信号定义	引脚编号	信号定义
1	保护门+30 V	10	
2	保护门−30 V	11	
3	内保护门状态	12	
4	外保护门状态	13	外热靶温度 I
6	内保护门温度 I	15	挡板电机+30 V
7	外保护门温度 I	16	挡板电机−30 V
8	转换电源+18 V	17	外热靶加热+
9	内热靶温度 I	18	内热靶加热+
		19	热靶加热地

温度转换盒航空插座

THDS−B 型探测箱体内温度转换盒航空插座定义参照 THDS−A 型探测箱体定义。

C（Ⅱ）型探测箱

上箱体航空插座

C（Ⅱ）型探测箱上箱体航空插座的信号定义见表9-22。

表9-22 C（Ⅱ）型探测箱上箱体航空插座的信号定义

引脚编号	信号定义	引脚编号	信号定义
1	保护门+30 V	8	内热靶温度I
2	保护门−30 V	9	外热靶温度I
3	内保护门状态	10	挡板电机+30 V
4	外保护门状态	11	挡板电机−30 V
5	内保护门温度I	12	外热靶加热+
6	外保护门温度I	13	内热靶加热+
7	转换电源+18 V	14	热靶加热地

下箱体航空插座

C（Ⅱ）型探测箱下箱体航空插座的信号定义见表9-23。

表9-23 C（Ⅱ）型探测箱下箱体航空插座的信号定义

引脚编号	信号定义
1	挡板电机+30 V
2	挡板电机−30 V
3	内挡板温度 R_1
4	内挡板温度 R_2
5	外挡板温度 R_1
6	外挡板温度 R_2
7	外热敏元温 R_1
8	外热敏元温 R_2

温度转换盒航空插座

C（Ⅱ）型探测箱温度转换盒航空插座的信号定义见表9-24。

表9-24 C（Ⅱ）型探测箱温度转换盒航空插座的信号定义

引脚编号	信号定义	引脚编号	信号定义
1	保护门+30 V	7	外热靶加热+
2	内保护门状态	8	内热靶温度 R_1
3	保护门−30 V	9	热靶加热地
4	外保护门状态	10	内热靶温度 R_2
5	内热靶加热+	11	外热靶温度 R_1
6	转换电源+18 V	12	外热靶温度 R_2

C（Ⅲ）型探测箱

上箱体航空插座

C（Ⅲ）型探测箱上箱体航空插座的信号定义见表 9-25。

表 9-25 C（Ⅲ）型探测箱上箱体航空插座的信号定义

引脚编号	信号定义	引脚编号	信号定义
1（A）	保护门+30 V	9（R）	外热靶温度
2（B）	保护门−30 V	10（J）	挡板电机+30 V I
3（C）	内保护门状态	11（H）	挡板电机−30 V
4（L）	外保护门状态	12（P）	外热靶加热+
5（M）	内挡板温度	13（G）	内热靶加热+
6（N）	外挡板温度	14（E）	热靶加热地
7（D）	+18 V IN	15（F）	空
8（K）	内热靶温度		

下箱体航空插座

C（Ⅲ）型探测箱下箱体航空插座的信号定义见表 9-26。

表 9-26 C（Ⅲ）型探测箱下箱体航空插座的信号定义

引脚编号	信号定义
1	挡板电机+30 V
2	挡板电机−30 V
3	内挡板温度 R_1
4	内挡板温度 R_2
5	外挡板温度 R_1
6	外挡板温度 R_2
7	外热敏元温 R_1
8	外热敏元温 R_2

注意：C（Ⅲ）型探测箱温度转换器件已与上箱体集成在一起，取消单独连接的温度转换盒。

光子探头

光子探头航空插座的信号定义见表 9-27。

表 9-27 光子探头航空插座的信号定义

引脚编号	信号定义	引脚编号	信号定义
A	+18 V	J	校零+
B	18 V 地	K	探头信号
C	-18 V	L	+18 V
D	屏蔽	M	信号地
E	制冷电源+	N	-18 V
F	制冷电源-	P	制冷电源+
G	制冷电源-	R	校零-
H	元件温度		

热敏探头

热敏探头航空插座的信号定义见表 9-28。

表 9-28 热敏探头航空插座的信号定义

引脚编号	信号定义
1	+18 V
2	探头信号
3	屏蔽
4	-18 V
5	信号地
6	校零+
7	校零-
3TK-1	热敏元温 R_1
3TK-2	热敏元温 R_2

AEI-T1型车号智能跟踪装置

AEI-T1 串口插座的信号定义见表 9-29。

表 9-29 AEI-T1 串口插座的信号定义

引脚编号	信号定义
1	开功放信号（低有效）
2	数据有效信号（低有效）
3	RXD
4	预留
5	TXD
6	预留
7	预留
8	预留
9	GND

W1信号电缆

W1 信号电缆的信号定义见表 9-30。

表 9-30　W1 信号电缆的信号定义

控制箱端 W1	信号定义	工控机端 AD 卡
1	右外制冷电流	1
2	左内制冷电流	2
3	左内元件温度	3
4	右内制冷电流	4
5	磁钢检测	5
6	左外探靶温	6
7	左内探靶温	7
8	VCC 检测	8
9	+18 V 检测	9
10	−12 V 检测	10
11	+12 V 检测	11
12	右外探板温	12
13	右内探板温	13
14	左内探板温	14
15	右外探	15
16	右内探	16
17	左外探	17
18	左内探	18
19	5 号磁钢	19
20	3 号磁钢	20
21	1 号磁钢	21
22	左外元件温度	22
23	左外制冷电流	23
24	右元件温度	24
27	右外探靶温	27
28	右内探靶温	28
30	−18 V 检测	30
35	左外探板温	35
40	环温	40
41	4 号磁钢	41
42	2 号磁钢	42
43	右外元件温度	43
57~60	地	57~60

W2 控制电缆

W2 控制电缆的信号定义见表 9-31。

表 9-31 W2 控制电缆的信号定义

控制箱端 W2	信号定义	工控机端 I/O 卡针	工控机端 I/O 卡孔
1	1 号磁钢中断	11	
2	2 号磁钢中断	30	
3	3 号磁钢中断	12	
4	4 号磁钢中断	31	
5	5 号磁钢中断	13	
6	左内门状态	32	
7	右内门状态	14	
8	左外门状态	33	
9	右外门状态	15	
10~14	IN 预留	34~37、16、17	
15	检验控制 I/O 1	1	
16	检验控制 I/O 2	20	
17	检验控制 I/O 3	2	
18	检验控制 I/O 4	21	
19	检验控制 I/O 5	3	
20	主板控制	22	
21	加热控制 1		1
22	加热控制 2		20
23	加热控制 3		2
24	加热控制 4		21
25	制冷调整控制 I/O		3
26	制冷判别控制 I/O		22
27	制冷电流值控 I/O		4
28	保护门总控控制 I/O	4	
29	保门电机控制 I/O	23	
30	热靶总控控制 I/O	5	
31	热靶电机控制 I/O	24	
32	校零控制 I/O	6	
33	除雪控制	25	
34	T485 预留		23
35	远望车号控制		5
36	热轮切换		24
37	热轮扩展		5
38	热轮扩展		25
39	热轮扩展		7
40	预留		26
41	新疆无线控制		8
54~60	GND	19、28	19、28

第十部分 系统维护

日常检修标准

室外部分

THDS 探测站日常检修标准见表 10-1 和表 10-2。

表 10-1 室外部分日常检修标准

检修项目	检修标准	检修方法
1.磁钢	(1)清洁紧固磁钢及磁钢支架；无松动，无锈蚀，无铁屑；磁钢外观无损坏	直观检查
	(2)各紧固螺钉均有弹簧垫圈	直观检查
	(3)引线无损伤断裂	直观检查
	(4)引线有护管保护	直观检查
	(5)磁钢顶面与轨平面距离：37±2 mm	计量尺测量
	(6)磁钢外沿与轨头内侧距离：80±2 mm	计量尺测量
	(7)最大输出信号幅值：峰值不低于 10 V	用示波器检测
	(8)1 号与 2 号磁钢距离符合设备安装技术要求；2 号与 3 号磁钢中心距 270 mm±2 mm；3 号与 4 号磁钢中心距 400 mm±2 mm（270 与 400 为磁钢安装基础尺寸，实际安装尺寸可跟据现场情况进行调整并在室内进行设置）	计量尺测量
2.卡轨器	(1)清洁、无锈蚀	直观检查
	(2)卡轨器不受钢轨及道床碴石挤压	直观检查
	(3)紧固	用扳手紧固
	(4)左、右卡轨器在与钢轨垂直的同一直线上	几何方法测量
3.探测箱	(1)上箱盖：无破损	直观检查
	(2)转角电机直流电阻：使用达到中修年限的更换，短路、断路更换	用万用表测量
	(3)保护门：整体正反位动作灵活可靠	
	(4)保护门保护罩：无变形，与上箱盖吻合	
	(5)下箱体：无破损	
	(6)减振器及减振弹簧：损坏更换	
	(7)电缆插座固定装置：无断裂，无锈蚀，无弹性	直观检查
	(8)接插头插拔状况：插拔无卡滞、接触良好；簧片弹性良好、插针无松动	人工插拔检查

续表 10-1

检修项目	检修标准	检修方法
4.环温箱	(1)环温头：不受日光照射，不受雨淋，绝缘良好	用酒精棉清洗环温头
	(2)箱体：清洁	清扫环温箱
	(3)环温误差绝对值≤2 ℃，超标更换传感器	用精度为 0.5 ℃的温度计测量
5.探头	(1)噪声电压： 热敏探头噪声 Vp-p < 100 mV； 光子探头噪声 Vp-p < 80 mV	用 10 MHz 以上的示波器测量探头"校零"状态下的输出电压
	(2)漂移：$V_{漂}$ < 150 mV，超标换修	用万用表直流电压挡测量探头漂移电压 5 min
	(3)标定： 温升 40 ℃时，误差绝对值≤2 ℃； 温升 70 ℃时，误差绝对值≤3 ℃； 标定工作每月第二个半月月检进行一次	用室外功能模器，设置温升 40 ℃和 70 ℃，当环境温度大于 30 ℃时设置绝对温度 70 ℃及 100 ℃
	(4)探头方位：外探探测箱扫描孔中心距轨内侧为 391 mm ± 5 mm，与钢轨的水平夹角为 3°~6°，仰角为 45°；内探头扫描孔中心距轨内侧为 260 mm ± 5 mm，与钢轨的水平夹角为 0°，仰角为 45°	接车后看采集的轴温波形；用专用扫描点标定架校准
6.热靶/挡板	(1)活动灵活，散热片应对准探头光路，电机转动正常	开盖检查
	(2)散热板背面无锈蚀、涂层无脱落	直观检查
7.探测角度校对	符合设备标准	利用专用角度校正架
8.状态检测	开关保护门、开关总控、开关热靶总控、开关热靶、开关校零、开关车号、开关除雪功能有效	在检测软件界面自检功能中点击相应按钮
9.智能跟踪装置	(1)清洁，安装紧固，无锈蚀	清扫,除锈,紧固件加油
	(2)射频电缆接头无松动、防水好	
	(3)天线防护箱无破损、变形	直观检查,破损更换
	(4)射频电缆无死弯	
	(5)天线的读取范围：每侧读取距离大于等于 1.2 m，超标更换	天线上方 1 m,前后各 1.2 m,用便携场强计测量绿灯亮,标准标签数据可读出
10.地线	地线连接牢靠，接触良好	试电笔检查

室内部分

表 10-2 室内部分日常检修标准

检修项目	检修标准	检修方法
1.电源箱	(1)箱体：用毛刷或吹尘器清扫	用毛刷或吹尘器清扫
	(2) 机械检修：检查各电源板、后面板电源连接螺丝、铜箔无损坏；插板外观无损伤、氧化；总线及接插件接触良好	直观检查
	(3)测试电源：检测输出电压电源参数 32 V 功率电源：+32 V±3 V； 15 V 加热电源：+15 V±0.2 V； 7 V 制冷电源：+7 V±0.2 V； 18 V 信号电源：±18 V±0.2 V； 12 V 板用电源：±12 V±0.2 V； 5 V 逻辑电源：+5 V±0.2 V； 5 V 校零电源：+5 V±0.1 V	(1)在工控机检测软件主界面中的环境信息中查看各电压是否正常 (2)用万用表或毫伏表测量
2.工控机	(1)清洁：用毛刷或吹尘器清扫	机箱内外清洁，无灰尘
	(2)机箱风扇：无擦片，运转正常	插槽清洁、各板卡连接紧密，使用探测站软件的自检功能进行整个设备的检测并生成自检报告备案
	(3)机箱内模板外观无损坏，与总线接插接触良好	
	(4)机箱内采集卡、多串口卡、I/O 卡连接正常	
3.控制箱	(1)箱体：清扫	清洁，无灰尘
	(2)模板：模板外观无损坏，与总线接插接触良好，各板位置正确	直观检查
4.双路电源切换装置	切换装置作用良好	手动检查
5.无线发射机测试	无线发射功能正常，发送报文完整，数据格式正确	用信号发生器模拟实验车，探测站设备接车后会通过无线发射机发送无线报文，用模拟接收机和计算机接收报文，检查报文是否完整，数据是否正确
6.电涌保护箱	参照 TSP、THNET 防雷装置检修质量标准	

续表 10-2

检修项目	检修标准	检修方法
7.防雷箱及地线	(1)参照 TSP、THNET 防雷装置检修质量标准 (2)接地阻值 (R)： $\rho \leqslant 500\ \Omega\cdot m$ 时，$R \leqslant 4\Omega$； $\rho \geqslant 500\ \Omega\cdot m$ 时，$R \leqslant 10\Omega$； 不符合，重做	用接地电阻测试仪
8.远程电源控制箱	功能正常	

中修检修标准

室外部分

中修检修标准见表 10-3 和表 10-4。

表 10-3 室外部分中修检修标准

检修项目	检修标准	检修方法
1.探头	(1)硫化锌镜面：无裂纹、无破损	直观检查
	(2)七芯插头：无锈蚀，表面镀层无脱落，插针无松动、无弯曲或断损	(1)直观检查 (2)插拔试验
	(3)噪声电压： 热敏探头噪声 $V_{p-p} < 100$ mV； 光子探头噪声 $V_{p-p} < 80$ mV	用 10 MHz 以上的示波器测量探头"校零"状态下的输出电压
	(4)漂移：$V_{漂} < 150$ mV，超标换修	(1)在常温下，用三位半以上的万用表或数字电压表测量 (2)用室内功能模拟器，放好探头，接好插头按"校零"键，松开后开始测试漂移，5 min
	(5)室内标定：误差绝对值 < 1 ℃	用室内功能模拟器,设置热源温升 40 ℃、70 ℃
2.探测箱	(1)上箱盖：无破损	直观检查
	(2)转角电机直流电阻：使用达到中修年限的更换，短路、断路更换	用万用表测量
	(3)保护门连接杆：无断裂、无锈蚀	直观检查
	(4)保护门：整体正反位动作灵活可靠	
	(5)保护门保护罩：无变形，与上箱盖吻合	
	(6)下箱体：无破损	
	(7)减振器及减振弹簧：更换	
	(8)热靶总成：更换	
	(9)电缆插座固定装置：无断裂，无锈蚀，无弹性	直观检查
	(10)接插头插拔状况：插拔无卡滞、接触良好；簧片弹性良好、插针无松动	人工插拔检查
3.卡轨器	(1)清洁，无锈蚀	直观检查
	(2)卡轨器不受钢轨及道床碴石挤压	
	(3)紧固	用扳手紧固

续表 10-3

检修项目	检修标准	检修方法
4.智能跟踪装置	(1)天线更换护罩	清扫，紧固件加油
	(2)天线发射功率大于等于 0.5 W，小于等于 1.6 W	用综合测试仪进行测试
	(3)天线频率为 910.10 MHz ± 0.05 MHz、 912.10 MHz ± 0.05 MHz、 914.10 MHz ± 0.05 MHz	
	(4)天线驻波比小于等于 2.5	
	(5)射频电缆外皮无裂痕、破损	(1)AEI 综合测试仪
	(6)射频电缆接头无氧化、镀层脱落、破损	(2)微波功率源
	(7)射频同轴电缆技术指标：衰减时，根据电缆长度≤0.15 dB/m	(3)50 Ω、5 W 标准负载
5.磁钢	(1)最大输出信号幅值≥10 V	用磁钢检测仪、示波器检测
	(2)绝缘电阻>20 MΩ	用磁钢检测仪、1 000 V 兆欧表测量
	(3)达到使用寿命更换；未达到使用寿命超标更换	
6.电缆	(1)外皮与芯线绝缘：≥10 MΩ	用 500 V 兆欧表测量
	(2)芯线与芯线绝缘：≥10 MΩ	
	(3)电缆与接插件接触良好	直观检查
7.分线箱	检查接触良好、配线整齐	接线端子清扫，重新配线

注：器件达到使用寿命的要更换

室内部分

表 10-4 室内部分中修检修标准

检修项目	检修标准	检修方法
1.机柜	(1)清洁机柜内外，无锈蚀，活动部位动作灵活	直观检查
	(2)机架设备牢固	
	(3)风扇运转正常、无异响	
2.电涌保护箱	参照 TSP、THNET 防雷装置检修质量标准	
3.等电位连接箱	无腐蚀、无氧化	直观检查
4.防雷箱及地线	(1)参照 TSP、THNET 防雷装置检修质量标准	用接地电阻测试仪
	(2)接地阻值（R） $\rho \leqslant 500\,\Omega\cdot m$ 时，$R \leqslant 4\,\Omega$； $\rho \geqslant 500\,\Omega\cdot m$ 时，$R \leqslant 10\,\Omega$； 不符合，重做	
5.电源箱	(1)清扫：无灰尘及杂物	打开箱体，用吹尘器清扫，用酒精棉擦拭各模板
	(2)箱体清洁，无变形或无锈蚀	直观检查：用吹尘器清扫，用酒精棉擦拭各模板
	(3)机笼：无变形或无锈蚀破损，滑道作用良好	
	(4)电源板及总线：无弯曲变形，总线簧片无断开、无短路	
	(5)电源变压器：安装紧固，外观正常，工作无异常	通电、直观检查
	(6)电源板外观：无挠曲变形，焊点铜箔无损坏，无烧焦斑痕，接插脚无损坏、无腐蚀剥离	
	(7)检测输出电压电源参数 32 V 功率电源：$+32\,V \pm 3\,V$； 15 V 加热电源：$+15\,V \pm 0.2\,V$； 7 V 制冷电源：$+7\,V \pm 0.2\,V$； 18 V 信号电源：$\pm 18\,V \pm 0.2\,V$； 12 V 板用电源：$\pm 12\,V \pm 0.2\,V$； 5 V 逻辑电源：$+5\,V \pm 0.2\,V$； 5 V 校零电源：$+5\,V \pm 0.1\,V$	(1)在工控机检测软件主界面中的环境信息中查看各电压是否正常 (2)用万用表或毫伏表测量

续表 10-4

检修项目	检修标准	检修方法
6.双路电源切换装置	切换装置作用良好	手动检查
7.工控机	(1)清扫无灰尘及多余物	(1)打开前门,用吹尘器清扫 (2)用酒精棉擦拭各模板
	(2)箱体无变形或无锈蚀	直观检查
	(3)检修工控机机箱及内部:无挠曲变形,无焊点铜箔损坏,无烧焦斑痕,无接插脚损坏、腐蚀,各板卡插槽连接正常	
	(4)机箱内采集卡、多串口卡、I/O 卡更换	连接良好
8.控制箱	(1)箱体:清扫	直观检查
	(2)模板:模板外观无损坏,与总线接插接触良好,各板位置正确	

注:器件达到使用寿命的要更换

大修检修标准

大修检修标准见表 10-5 和表 10-6。

室外部分

表 10-5 室外部分大修检修标准

检修项目	检修标准	检修方法
1.探头	更换	更换后按中修标准进行检测
2.探测箱	更换	更换后按中修标准进行检测
3.卡轨器	无变形、无锈损	直观检查
4.磁钢	(1) 最大输出信号幅值≥10 V	用磁钢检测仪、示波器检测
	(2)绝缘电阻>20 MΩ	用磁钢检测仪、1 000 V 兆欧表测量
	(3)达到使用寿命更换;未达到使用寿命超标更换	
5.电缆及接插件	(1)外皮与芯线绝缘:≥10 MΩ	用 500 V 兆欧表测量
	(2)芯线与芯线绝缘:≥10 MΩ	
	(3)电缆与接插件接触良好	直观检查
6.智能跟踪装置	(1)天线达到使用年限更换,未达到检查	清扫,紧固件加油
	(2)天线减振垫及护罩更换	
	(3)射频电缆达到使用年限更换,未达到使用年限若外皮裂痕、破损,更换	直观检查
7.分线箱	检查接触良好、配线整齐	接线端子清扫,重新配线

室内部分

表 10-6 室内部分大修检修标准

检修项目	检修标准	检修方法
1.机柜	(1)清扫：无灰尘及杂物	打开前门，用吹尘器清扫。用酒精棉擦拭各模板
	(2)箱体：无变形或无锈蚀破损	
	(3)风扇运转正常、无异响	
2.电涌保护箱	参照 TSP、THNET 防雷装置检修质量标准	
3.等电位连接箱	无腐蚀、无氧化	直观检查
4.防雷箱及地线	(1) 参照 TSP、THNET 防雷装置检修质量标准	用接地电阻测试仪
	(2)接地阻值（R）：$\rho \leqslant 500\,\Omega\cdot m$ 时，$R \leqslant 4\,\Omega$；$\rho \geqslant 500\,\Omega\cdot m$ 时，$R \leqslant 10\,\Omega$；不符合，重做	
5.电源箱	(1)箱体：清洁，无变形或无锈蚀	更换后按中修标准进行检修
	(2)更换机笼、模板	
6.工控机	(1)清扫：无灰尘及杂物	(1)打开前门，用吹尘器清扫 (2)用酒精棉擦拭各模板
	(2)箱体：变形或锈蚀破漏更换	直观检查
	(3)全部模板外观：挠曲变形，焊点铜箔损坏，有烧焦斑痕，接插脚损坏、腐蚀、剥离等更换，各板卡连接无误但无法采集时更换	打开机箱观察
	(4)机箱内采集卡、多串口卡、I/O 卡更换	
7.机柜	箱体：清洁，无变形、无锈蚀破损	直观检查
8.双路电源切换装置	切换装置作用良好	手动检查

续表 10-6

检修项目	检修标准	检修方法
9.智能跟踪装置	解码板达到使用年限更换，未达到使用年限进行检查	列车通过时观察指示灯应正常，列车通过后形成的标签信息应正常
	微波组件达到使用年限更换，未达到使用年限进行检查 端口输出功率（减去电缆损耗）：$W \leqslant 1.6 \text{ W}$； 频率稳定性：0.000 5%； 谐波输出：$-50$ dBc； 寄生输出：-60 dBc； 发射器带宽：5 kHz； 接收器带宽：130 kHz； 频率间隔：2 MHz； 阻抗：50 Ω	用综合测试仪进行测试

注：器件达到使用寿命的要更换

 注意：上述各项检修标准仅供参考，用户可根设备类型、应用环境、运用要求等，重新制定符合具体情况的检修标准。

售后服务中心

当您的产品发生故障或者损坏时，您可以联系我们对应区域的售后服务专员为您提供技术支持！

提供的支持包括下列内容，但不限于此：

- 产品现场启动示范和操作。
- 为产品做预防性维护计划。
- 部件管理和现场清点。
- 用户室内或室外培训。